传播与中国译丛——媒介道说系列——黄旦 孙玮 主编

卡斯特论媒介

[加] 菲利普·N. 霍华德（Philip N. Howard）著
殷晓蓉 译

Castells and the Media

中国传媒大學出版社
·北京·

“媒介道说”序

辨音闻道识媒介

黄　旦

从一个故事说起。

以《闲情偶寄》立名于中国文学史的李渔，写有一部小说，名《十二楼》。内中有《夏宜楼》一卷，说的是一瞿姓相公，“亏得一件东西替他做了眼目”，“微光一隙仅如丝，能使瞳人生翅”，偷窥到居于夏宜楼的詹姓小姐之美貌，心生莫名爱意。于是他灵机一动，将远望高探而得的楼内女方动静，借助媒人之口，一一说与詹小姐听，以示天生有缘，唬得这位小姐毛骨悚然。门禁之内的夏宜楼，男女有别，旁人不能随便进出，其动静连自家人都未必尽知，偏一个外人竟一清二楚。詹小姐百思不得其解，疑非得神助不能，遂“把个肉身男子”就当成了“蜕骨神仙”。“这等看起来，竟是个真仙无疑了！丢了仙人不嫁，还嫁谁来!”詹小姐也不是没有担心，“神仙”是否有“真形实像”，“不要等我许亲之后他又飞上天去，叫人没处寻他”。到了新婚夜，詹小姐初近新郎，战战兢兢，“还是一团畏敬之意，说他是个神仙，不敢十分亵狎”，至半夜却发现其“欲心太重，道气全无”，根本就是凡夫俗子一个。她狐疑中追究缘由，“件件查问到底”，才知此桩美事功德，全得力于一个“法宝”——千里镜。瞿相公偶尔从市场购得此物，在高山寺租得一间僧房，遍扫各处房屋。之前种种，正是这双“千里眼”居高临下所功。让人想不到的是，知道真相后的詹家小姐，惊诧之余，并未显上当受骗之恼怒，反正色道：“这些情节虽是人谋，也原有几分天意，不要十分说假了。”第二天恭恭敬敬就把这件“法宝”供在了夏宜楼，做了家堂香火，夫妻二人不时礼拜。

在我看来，这就是一个媒介道说的故事。

媒介，是英文 media 的汉语译词。英文的 media，源自拉丁文 medium，意指中间。medium 一词大致有三种意涵：第一，比较古旧且运用普遍的意涵，指的是“中介机构”或“中间物”。这个意涵源于一个特别的物理或哲学的观念：一种感官（或一种思想）要去体验（或表现）必须有一个中间物。第二，着重落在技术层面，例如将声音、视觉、印刷视为不同媒介（media）。第三，专指资本主义。在这层意涵里，报纸或广播事业被视为另外事物（如广告)的一个媒介。[1] 也有学者为此勾勒出一条变化的线索:古典拉丁文 medium 指的是某种中间的实体或状态,但在古典之后的拉丁文以及 12 世纪之后的不列颠资料中,媒介则指从事某事的方式。一方面,媒介可以视为一种偶然性的存在,它使得现实世界中的诸多现象相互关联,或将现实世界与可能性世界相互关联。另一方面,从现代意义上来看,媒介是一类特殊资源。直到 1960 年,媒介才成为一个术语,描述实现跨时空社会交往的不同技术与机构,并因此受到特定学术领域的关注和研究。[2] 中国的古汉语,只有"媒"字,并无"媒介"一词。按《说文解字》中的解释,"媒即谋也,谋合二姓者也"。"谋合二姓",不仅"媒"(谋)的位置居间,而且是介入——撮合二姓的第三者。由此可见,media 或"媒",就其本义及其谱系,主要意为居中(中介机构或中间物)位置及交接转化(从事某事的方式),重点是中介行为。[3] 按我的说法,媒介是有"媒"有"介",是连接、触发与转变的不断运作,是媒—介的互动和呼应。通俗地讲,就是一场"交易"[4]。故凡是媒介,必是从关系着眼,否则就是技术或物件。媒介

---

① 威廉斯.关键词:文化与社会的词汇[M].刘建基,译.北京:生活·读书·新知三联书店,2005:299-300.

② 延森.媒介融合:网络传播、大众传播和人际传播的三重维度[M].刘君,译.上海:复旦大学出版社,2012:59-60.

③ 德布雷.媒介学引论[M].刘文玲,译.北京:中国传媒大学出版社,2014:10.

④ 德布雷.媒介学引论[M].刘文玲,译.北京:中国传媒大学出版社,2014:76.

学就是研究关系方面的东西而不是物体。[①] 之所以习惯于将某种技术和机构(比如报纸)命名为媒介,在于预先已设定其为"实现跨时空社会交往"。

夏宜楼"有绿槐遮蔽,垂柳相遭,自清早以至黄昏,不漏一丝日色",如此幽密荫深之所,却被"微光一隙仅如丝"的千里镜穿破,从而引出这一实体空间,与高山寺的瞿生照面。高山寓意宽广、挺拔和敞亮,乃为"夏"之意象;夏宜楼,则是三面环水柔软清凉,为避暑之胜,故有"宜"之谓。一阳一阴,偏因"千里镜"相遇而碰撞交汇融合,孕育出新的关系和生活。千里姻缘一镜牵,夏"宜"楼化成了宜"夏"楼。千里镜就是千里"媒"!"传媒与工具和机器不同,工具和机器是我们用来提升劳动效率的器具,而技术的传媒却是一种我们用来生产人工世界的装置,它开启了我们的新的经验和实践的方式,而没有这个装置,这个世界对我们来说是不可通达的。"[②] 千里镜是如此,贵州的中国"天眼"——FAST 望远镜也是如此,无人不知的报纸、广播、电视等,均因此而成其为"媒介"。

媒介以它特有的方式解蔽现实并将之带到我们面前,这是一种中介了的现实。"想独上高楼读一遍《罗马

---

① 德布雷.媒介学引论[M].刘文玲,译.北京:中国传媒大学出版社,2014:73.

② 克莱默尔.传媒、计算机和实在性之间有何关系?[M]//克莱默尔.传媒、计算机、实在性——真实性表象和新传媒.孙和平,译.北京:中国社会科学出版社,2008:7-8.

衰亡史》,忽有罗马灭亡星出现在报上"(卞之琳,《距离的组织》),从而导致场景重新组合和分化交叉,引入一种并不依赖于固定地点的新场景,新的角色行为模式就在新的社会场景中诞生。① 媒介抵达之处,既是世界所在之"界",同时也是"新世界"敞开之时。"计算机界所说的实时、媒体界所说的'现场'等效应都深刻地——同时也可能在根本上——改变了事件化的原义,改变了时间和空间的存在"②,由此也就改变了人的存在。人体在感知比率变化中既延伸又自我截除,在一伸一缩中调适与外界的关系尺度。③ "媒介就是认识论","任何认识论都是某个媒介发展阶段的认识论"④。所谓"媒介环境",所谓"媒介环境学",或者梅罗维茨认定的"新场景",应该是在这样的意义上来理解的。这是超越了自然、社会和人,同时又使之重新联结并组合的第三种环境。⑤ 夏宜楼的故事,已经让我们充分领略到这一点。自从"千里镜"登堂入室,它的内外格局和关系结构就已千疮百孔,不再是原

---

① 梅罗维茨.消失的地域:电子媒介对媒介行为的影响[M].肖志军,译.北京:清华大学出版社,2002.

② 斯蒂格勒.技术与时间:爱比米修斯的过失[M].裴程,译.南京:译林出版社,2012:18.

③ 麦克卢汉.理解媒介——论人的延伸[M].何道宽,译.北京:商务印书馆,2000.

④ 波兹曼.娱乐至死[M].章艳,译.桂林:广西师范大学出版社,2004:30.

⑤ 斯蒂格勒.技术与时间:爱比米修斯的过失[M].裴程,译.南京:译林出版社,2012:90.

来的夏宜楼,哪怕看上去景色依旧。新婚之夜的詹小姐,面对瞿生的全盘托出,不能不信又不愿完全接受。所谓的“不要十分说假了”,实则是不能十分说假罢了。幻想的破灭,也就是现实的毁灭。顺着既有真真假假(真实与虚拟)的逻辑,是唯一的出路。这正说明夏宜楼回不到从前也不可能再回到从前。“千里镜”被奉为“法宝”,“做了家堂香火”,活生生地演绎了“媒介道说”中的“道成肉身”。此后的夏宜楼不能不在“法宝”的不时礼拜中存在,并讲述其以往和未来。或许在库尔德利看来,这不过是人通过媒介做什么或是在做什么与媒介相关的事,[①]然而,人的此种“做”必是与媒介的设定及其刺激、推动断不开的。“通过媒介做什么”和“做什么与媒介相关的事”,首要的必是与“什么媒介”有关。看报纸和看电视就不是一回事,否则戴扬和卡茨也就用不着专拿电视来演说“媒介事件”[②]。媒介“并不简单地传递信息,它发展了一种作用力,这种作用力决定了我们的思维、感知、经验、记忆和交往的模式”[③]。

---

① 库尔德利.媒介、社会与世界[M].何道宽,译.上海:复旦大学出版社,2014:41.

② 戴扬,卡茨.媒介事件[M].麻争旗,译.北京:北京广播学院出版社,2000.

③ 克莱默尔.传媒、计算机和实在性之间有何关系?[M]//克莱默尔.传媒、计算机、实在性——真实性表象和新传媒.孙和平,译.北京:中国社会科学出版社,2008:5.

"媒介的魔力在人们接触媒介的瞬间就会产生"①,这"魔力"即是媒介作为一种"装置将诸要素聚集在一起的某种生成",是诸要素"安排、组织、装配在一起的"创生过程。② 媒介不仅仅只是"处于中间位置的",它对通过中间项的两者起作用。它要在不可逆转的过程中创造出一个模型,超越所有的企图。③ 瞿生的隔空远扫,媒人的巧舌如簧,口信和诗文的情意脉脉,詹小姐的懵懂好奇,夏宜楼的特定空间,詹父的势利专横,詹家在朝为官的儿子,其他的求婚者,等等,一干人事全因"千里镜"的介入而现形,环连成网,各自激发,"每一种元素都有助于界定其他元素,每一种元素都为信息在系统中流动做出贡献"④,构成了特殊的传播事件——这段奇异之婚姻并重构了夏宜楼。"生成"不是融合、不是共存,而是一种转化,各自在媒—介中成其所是,形成一种全新的生态。媒介也在这种"活生生的力量漩涡"⑤中,敞开和绽放自身。李渔的"夏宜楼"实就是"千里镜"化的世界。试想,若不是"千里镜"而是电话(据研究,19 世纪晚期美国电话使用的增加,

---

① 麦克卢汉.理解媒介——论人的延伸[M]. 何道宽,译. 北京:商务印书馆,2000:42.

② 德勒兹:关键概念:第 2 版[M].田延,译.重庆:重庆大学出版社,2018:91.

③ 德布雷.媒介学引论[M].刘文玲,译.北京:中国传媒大学出版社,2014:125.

④ 海勒.我们何以成为后人类:文学、信息科学和控制论中的虚拟身体[M].刘宇清,译.北京:北京大学出版社,2017:34.

⑤ 麦克卢汉.麦克卢汉序言[M]//哈罗德·伊尼斯.帝国与传播.何道宽,译.北京:中国人民大学出版社,2003.

由于交流和声音接触的便利，的确促进了情爱事情的发生[①])，其所引发的“魔力”就不同，至少天上掉不下这位瞿哥哥。夏宜楼的整个过程、所有关系及其情节戏码都得推倒重来。所以，媒介——就是媒—介的召唤和应答——就是媒介道说：“让我们通向那个由于与我们相关而伸向我们的东西”，“让我们进入与我们相关或传唤我们的东西”。媒介“就是在如此这般允诺着的道说中显示自身本质”[②]。本译丛定名为“媒介道说”，就是得自如是的启示。

《约翰福音》的“太初有道”，亦可称“太初有言”。故“道”即“道说”(logos)，又译为“逻各斯”，在西方文化思想中有着重要影响。称“logos”为“道说”，就为表明前者作为一个语言符号自身的内在力量与功能。[③] 据研究者，“logos”——道说，与老子的“道”类似，是话语，也是道理之理或道本身，[④]由此与中国文化和思维方式有了几分亲近。海德格尔把“道说”视为语言本质，是语言的语言。“道说”是把作为语言的语言带向语言，使人通达语言之大道。“道说”即语言本质显身，人们是“在说话(作为顺

① MARVIN, C. When old technologies were new [M]. NY: Oxford University Press,1988.

② 海德格尔.在通向语言的途中[M].孙周兴，译.北京：商务印书馆，2005：190、255.

③ 芮欣.道说：从逻各斯到倾空[M].北京：北京大学出版社，2013：11.

④ 陈嘉映.海德格尔哲学概论[M].北京：生活·读书·新知三联书店，1995：298.

从语言的听)中","跟随被听的道说来道说"的,所以是"语言说话"①。

如果把海德格尔的"道说"与人的存在关系之特殊意义(语言是存在之区域,存在之圣殿,存在之家②,所以技术就成为"座架")暂且放在一边,仅从他开启语言"本源"或"本质"的"道说"之思,或者以"道说"作为"道理之理",亦即"作为一个语言符号自身的内在力量与功能"之意,译丛名为"媒介道说",就是想破解传播学中将媒介仅仅视为器具、工具的固有思维。"器具是被有用性和需用性规定了的,所以,器具就把它由之据以形成的质料纳入了自己的有用性中"③,最终留下的是用处、是效应,媒介却消失不见。由此我们希望读者从一个新的、立足媒介自身内在力量的——海德格尔所提示的"一件东西从何而来,通过什么它成为一件东西,这件东西是什么,它如何是"④这一存在"本源"亦即"道说"的角度出发,来阅读这套译丛。有新视角,才会发见新亮光。读书是如此,研究亦是如此。

---

① 海德格尔.在通向语言的途中[M].孙周兴,译.北京:商务印书馆,2005:239、254.

② 海德格尔.诗人何为?[M]//孙周兴.海德格尔存在哲学.北京:九州出版社,2004:152-216.

③ 海德格尔.艺术作品的本源[M]//熊伟.存在主义哲学资料选辑.北京:商务印书馆,1997:428.

④ 海德格尔.艺术作品的本源[M]//熊伟.存在主义哲学资料选辑.北京:商务印书馆,1997:402.

“媒介道说”并不主张什么媒介中心主义，也不赞成把人视为中心，此二者本就同根孪生一体两面彼此强化，尽管看上去像是针尖对麦芒。此种非此即彼，注定听不到媒介道说之“大音”。如果一定说有中心，“媒介道说”的中心就是人与媒介的共存以及相互介入和运作这一根本，并由此切近媒介并道说媒介。基特勒将人类传播媒介历史切割为两段：文字媒介阶段和技术媒介阶段。前者以语言编码为基础，后者则完全按照现代数学编码公式而运作。[①] 目今所谓的“后人类”，所谓的“虚拟真实”，不正源自数字编码媒介的变迁吗？媒介关乎人的习性、生活方式和自我构成，并与人共时并进。“不同的文明依赖的传播媒介各有不同。”[②]媒介造就人，一代媒介自成一代人。英尼斯的《传播的偏向》、波斯特的《信息方式》、卡斯特的《网络社会的崛起》等，都已经从不同层面为我们做了见证。据调查，虚拟现实技术已经影响了目前人们对于现实生活的看法，有人曾在问卷中直截了当地回答：“现实并不是我最好的窗口。”[③]以此看，美国芝加哥学派早期代表人物库利是颇有见地的。他认为，人类的本性来自两条生命传递线：一是生物种性；一是语言、交流和教育。只可惜他始终抱定这是两条“明显分开的河道”，

---

① 基特勒.传播媒介史绪论[J].文化研究，2013(13)：235-254.

② 伊尼斯.帝国与传播[M].何道宽，译.北京：中国人民大学出版社，2003：8.

③ 海勒.我们何以成为后人类：文学、信息科学和控制论中的虚拟身体[M].刘宇清，译.北京：北京大学出版社，2017：36.

也就找不到其交汇之处,最终落在了生物有机体对社会的适应上[1]也是不得不然。

既属"人类本性",人与媒介的相接相嵌就非后天强加,而是与生俱来。人,按照盖伦的说法,天生就不是自足的生物,只能依赖于预先构成的自然条件。因此,技术成为人类自身本质的最重要的部分,正像人本身一样形成了一种人造的性质。[2] 用斯蒂格勒的表述,人因"原始性的缺陷",故必以技术的弥补而诞生和存在:技术就是人的代具。代具并非人体的简单延伸,它构成"人类"的身体;代具也不是人的一种"手段"或"方法",而是人的目的。人是以技术的"外移的过程",运用生命以外的方式来寻求生命的。人与物(工具)的共时共生,标志着在有机体和它的环境之间出现了一种新型的关系,一种新的物质类型:即一种有机体(有机化的个人)同环境(一般意义上的、有机的和无机的物质)的关系,是由一种有机化而又无机的物质为中介来实现,而且二者互为激发:当"什么"在被"谁"发明的同时,也发明了"谁"。[3] 这同样是唐·伊德所坚持的。他以为,人从伊甸园下到尘世,就是

① 库利.人类本性与社会秩序[M].包凡一,王源,译.北京:华夏出版社,1999:5.

② 盖伦.技术时代的人类心灵:工业社会的社会心理问题[M].何兆武,何冰,译.上海:上海世纪出版集团,2008:4.

③ 斯蒂格勒.技术与时间:爱比米修斯的过失[M].裴程,译.南京:译林出版社,2012:19、126、166、20、193.

和技术相伴相行。“对于人类来说，没有技术的生存只是一种抽象的可能性”，除非是被圈在一个“孤立的、被保护的和牢固的乐园”里。“文化—技术的生活形式”，也就因此“限定了所有经验性的人类社会”。[①]

这样的视野，就是我们透视媒介和人之间关系的基础。依斯蒂格勒的“技术史同时也就是人类史”[②]的说法，我们也可以毫不迟疑地说，媒介史同时也是人类史，“媒介学的起源应该是人类学”[③]。勒鲁瓦-古兰说：“人类群体在自然中的行为就像是一个生命肌体，……它通过一层物体（工具、器械）的中介来适应自己的环境。人类用斧头砍伐，用箭、刀、锅、匙来取食肉类。人类就在这样一种中间层之中取食、自我保护、休息和行动。”[④]中间层即为媒介。仿照卡西尔的说法，这就是由“劳作”（work）划出和规定的“人性圆圈”。[⑤] 媒介道说就是顺着这样的通达让我们来倾听的。

“媒介道说”译丛，集中展现了不同学科各位名家大师的媒介论述和思想。首先，多学科的思想源流和横岭

---

① 伊德.技术与生活世界[M].韩连庆，译.北京：北京大学出版社，2012：14、20.

② 斯蒂格勒.技术与时间：爱比米修斯的过失[M].裴程，译. 南京：译林出版社，2012：147.

③ 德布雷.媒介学引论[M].刘文玲，译.北京：中国传媒大学出版社，2014：15.

④ 斯蒂格勒.技术与时间：爱比米修斯的过失[M].裴程，译. 南京：译林出版社，2012：164.

⑤ 卡西尔.人论[M].甘阳，译.上海：上海译文出版社，1985：87.

侧峰的不同入角，大大越出了原有传播学中媒介理论之一脉，将会为我们重新理解媒介，尤其是在今天这样的数字移动背景下审视媒介，提供重要的思想资源。这是我们主持出版该套丛书的初衷之一。其次，几年前我们就提出，应将“媒介”确定为传播学研究的重要入射角，这不仅是为了纠正传播研究重内容、重效果而忽视媒介的偏向，更重要的是，我们认为从“媒介”入手最能抓住传播研究的根本，显示其独有的光彩。近些年我们在这方面的探索也证明了这一点，并已经初步形成了特色，得到全国同道的关注和呼应。其结果是大大地扩展了人们对于传播的理解，开辟了新的研究议题，重组了研究的领域，使传播研究的面貌和气质得到了一定程度的改变。因此，选择这样一套译丛，既是我们研究设想使之然，同时也希望借此为进一步推动这方面的研究添柴加火。最后，也是最重要的一点，即译丛的多学科特色，恰恰表明了“媒介”的极端重要性，它关涉人类社会的各个方面（当今数字技术的运用和影响就说明了一切），因而也是所有学科关注的焦点。因此，这套译丛可以成为一个四通八达的媒介，它将伸入各个学科，汇聚八方来客，共同思考，共同道说，“嘈嘈切切错杂弹”，携手创建中国传播研究的新蓝图。

自然，收入本套译丛的每本书，都是研究者对某一位学术名家媒介论说的梳理，属于“道说之道说”。这些“道说”及“道说”者拥有不同的学科和知识背景，其切入角度不同，问题指向不一，论述逻辑各异，基于不同的价值立场和媒介经验，就其内容而言，可以起到方便接引的作用，作为研究的初步向导，激发读者深入探索的兴趣。它既不能代替原著的阅读，更不是模仿照搬，“泥洋不化”，好比夏宜楼里的“千里镜”，做了个现成供奉的“宝物”。相反，我们要立足中国的媒介实践、传播经验和现实问题，从“媒介道说”中批判性地吸取养料，大胆想象，深耕细作，不懈努力，形成并发出中国学者之“媒介道说”，并由此与世界对话。这，是我们的期待，也是每一位媒介学者应有的承当。

“哲学最终可能只不过是媒介理论而已”①，对这个大胆的预测，我没有能力评判。不过由此倒让我想起海德格尔喜欢征用的两句诗：“词语破碎处，无物可存在。”现就将之稍作改动，以鹦鹉学舌结束这篇不算短的文字：

媒介破碎处，无物可存在。

媒介道说。

---

① 哈曼.铃与哨：更思辨的实在论[M].黄芙蓉，译.重庆：西南师范大学出版社，2018：219.

译者序

如果我们认可当今社会的最重要特征是与网络或新媒介的紧扣与密连，那么，曼纽尔·卡斯特(Manuel Castells)绝对算得上是一位关于其现象和本质的研究大家。他著作等身，融社会活动与理论探讨于一体，学术领域跨越社会学、城市规划、政治经济学、传播学等；他在全球多所知名大学任教和讲学，同时担任若干世界顶尖研究机构的会员或成员；他也是欧洲委员会、世界银行等国际组织的无偿顾问，以及由许多国家的各类机构颁发的荣誉勋章的获得者。

这样一位著述甚丰、提出若干原创理论和受到普遍尊敬的学者，不能不成为当代人文、社会科学的研究对象。在卡斯特 20 多部著作中，其中最有影响的"三部曲"《信息时代》(*The Information Age*)已被译为 20 多种文字，尤其是第一部《网络社会的崛起》(*The Rise of the Network Society*，1996)，出版 20 多年来始终为相关学科密切关注，大量著作、论文和演讲对其进行了引用，它们的语境各异，观点纷呈，连绵不绝。他的另一部著作《互联网星系》(*The Internet Galaxy*，2001)已被译成

17 种文字，而他相对晚近的著作《传播权力》(*Communication Power*, 2009)则在媒介研究、社会学、政治学、地理学等学科背景下，对媒介网络权力做了最为前沿的讨论。“卡斯特的影响难以测度，但他的确是被引用最多的社会科学家之一。”(*Castells and the Media*, p.13。以下标示页码均为本书英文原版页码)对于当代网络社会来说，卡斯特其人其说已经成了一个无法回避的研究起点或基础，他的许多洞见、理论与前瞻性见解生机勃勃，不断激发出各种各样的阐释、争论与新的发展。

菲利普·N. 霍华德(Phlip N. Howard)的《卡斯特论媒介》(*Castells and the Media*)是一本主要阐述和评论卡斯特媒介思想的著作。2010 年，卡斯特赴美国华盛顿大学做系列演讲，并参与时任传播学副教授的霍华德的研究生班研讨活动。2011 年，霍华德的《卡斯特论媒介》由政体出版社(Polity Press)出版。因此，就直接起因而言，《卡斯特论媒介》是受卡斯特这次美国西北部学术之行启发的结果；在整体上，《卡斯特论媒介》则是霍华德长期从事数字媒介教学、研究工作的延续和组成部分。如同霍华德本人在书中总结的那样：今天，有关媒介、网络和权力的对话是从卡斯特的思想开始的，虽然它们既得到广泛的接受与认同，又遭遇诸多的质疑与批评。

一

相当程度上，霍华德是系统研究和评述卡斯特媒介思想的合适人选之一。他曾获多伦多大学英尼斯学院政治学本科学位，伦敦经济学院经济学理学硕士学位，西北大学社会学博士学位。除华盛顿大学以外，他还拥有牛津大学的教职，并担任哥伦比亚大学两个数字新闻中心的研究员。近十几年来，霍华德主要研究数字媒介对于世界政治生活的影响，并经常在各种学术论坛上就全球媒体和政治事务的主题发表看法。他通过自己的探索论证数字媒介在各国被用于社会控制和政治行为的方式，他的相关研究也得到了欧洲研究委员会、美国国家科学基金会、美国和平研究所等机构的支持。除了《卡斯特论媒介》以外，霍华德的其他相关学术成果包括：《新媒体竞选活动和受管制的公民》(2006)、《专制和民主的数字起源》(2010)、《民主第四波?》(2012)等。

在学理上，霍华德写作《卡斯特论媒介》一书的主旨是：阐述卡斯特关于媒介研究的路径、基本思想和对于当代社会的贡献；探讨卡斯特的媒介思想能够为今日读者所接受的可能性和方法；分析对于卡斯特媒介思想的批评、回应以及由之启发的未来研究方向等。霍华德认为，新时代的巨大变化亟须媒介研究的新视角，以探讨数字媒介在政治、经济、文化的社会互动变革模式方面的作用。其中最重要的视角之一是由卡斯特明确提出和系统阐述的。卡斯特无疑受到麦克卢汉(Marshall Mcluhan)、本尼特(Lance Bennett)、蒙纳维奇(Lev Manovich)、格兰诺维特(Mark Granovetter)、希普尔(Eric von Hippel)、本科勒(Yochai Benkler)等诸多思想家的启发和影响，但总体上是他自己基于新变化而提出的原创性理论。它特别有助于理解当代人关于社会转型的直观感受，阐释现实生活中业已出现或将要出现的各种新问题，并在深层次上揭示信息时代全球权力关系和政治运作的重心。

那么，卡斯特的这个媒介研究新视角究竟为何？霍华德将之概括为“网络视角”，并通过《卡斯特论媒介》一书的有关章节来说明卡斯特是怎样提出和运用这个分析视角或框架的。后者源于其《网络社会的崛起》《互联网星系》《传播权力》等主要著作和若干补充性文献之中，它们无疑也是霍华德自己阅读、纳入特定语境中加以思考并引导推荐给读者的重要文献。在此基础上，霍华德明确指出，卡斯特的网络视角揭示了数字媒介技术如何服务于权力，无论是为了社会精英的利益，还是为了普通公民的利益，都是如此。

《卡斯特论媒介》篇幅不长，远远算不上鸿篇巨制，但它言简意赅，明晰集中，回溯、拓展与延伸并举，同时具有理论性和特定层面的操作性。就构成 21 世纪技术、经济和社会的力量而言，网络视角已被日益证明是不可忽略、举足轻重的研究视角。霍华德采用易于理解的学术语言，将读者引入卡斯特关于媒介、全球化、数字网络以及最重要的权力思想之中。《卡斯特论媒介》一书的出版，再次表明对于试图认识与探索当代社会和媒介的人来说，卡斯特处于何等重要与核心的地位。

二

在霍华德看来，卡斯特围绕媒介研究的网络视角，已经做了大量的探索，其中一些基本假设和思想随时代的发展日益凸显其重要性和深远意义。《卡斯特论媒介》对它们进行了提炼、追溯和分析，并在这一过程中增加了自己的理解和新的论证与论据。

从大半个世纪的历史发展来看，媒介集团、国家监管机构和主要政党既对媒介产生重要影响，也通过媒介彰显自己的强大力量，因此它们往往成为媒介研究，尤其是媒介权力研究的重点。卡斯特在新时期提出的媒介网络视角使之发生了转换，他从当代媒介的两个主要特性——数字化与网络化出发，先于众多研究者指出，媒介研究的分析单元不能仅仅限于各种大型组织机构，诸如媒介巨头、身居要职的政客团体或作为数字基础设施建构者与管理者的国家机构。

从卡斯特到霍华德，一个基本的思想脉络是：数字时代的个人是活跃的个体，他们通过使用廉价消费类电子产品而对政治、经济和文化生活产生独特的作用；而诸如网站和社交网络应用程序等数字媒介工件（digital media artifacts）本身也是媒介研究的起点，同样能够为当代社会政治、经济和文化的互动结构提供有力的说明。因此，网络视角下的媒介研究必须将下述内容纳入其中：建构和管理媒介基础设施的大型组织、小型互联网初创公司；信息传播基础设施本身；通过媒介制作内容和消费内容的团体与个人、通过媒介被制作的内容和被消费的内容；等等。

媒介具有非常鲜明的历史色彩，现代意义的媒介发展日益渗透着组织、个人、技术设施以及内容，也有相当一段时间由大众传播媒介独霸天下，因而产生了分类或将某个类别剥离出来加以特殊“观照”的需求。尤其对于随工业文明而诞生的传播学而言，媒介内容、媒介手段、媒介渠道、媒介管理者和受众等，曾是不同流派和思潮浸染或固守的对象。网络时代，一个越来越清晰的问题是，无论组织、个人、渠道还是内容，媒介类别之间的“链接”都比特定类别本身更有意义。也就是说，各种分类研究或表面综合远不足以揭示网络社会的媒介本质。卡斯特较早提出了这一观点，他在传播研究诸多面向中，选取的是“意义和关系”之向。在他那里，传播的本质是通过信息交换而分享意义，传播过程的要素既包括技术、传者和受者的特性，也包括传播中参照和协商的文化符码，等等。

对此，霍华德在诸如谷歌及其发展等新资料的基础上概括指出，对于媒介的理解不可能来自对媒介系统中主要“玩家”的简单分类，它来自对于政府、公司、消费者和内容之间如何相互关联的理解。而组织、个人和内容之间的这些纽带、交易和链接揭示了若干结构方面的问题，尤其是当代社会的权力结构。也就是说，无论是大型机构，还是名不见经传的小公司，或加入各种网络群体并因此也成为网络节点的个人，网络结构都为各种社会行为既提供了实现的空间，也提供了制约的因素。“谷歌搜索服务的价值不仅在于人们对它们的使用，因为它们的搜索算法体现了某种社会价值的标准。”(p.27-28)概而言之，从卡斯特 20 世纪 90 年代中期提出的“新的信息技术不仅是被使用的工具，而且是被开发的过程”，中经萨奇曼(Lucy Suchman)等人的“产品设计是通过使用而得以完成的”(2006)，再到霍华德的“博客和推特信息流的价值随新的内容生产者和用户的增加而增加”(p.28)，层层累积，个中意蕴，发人深省。

三

1995 年，伴随互联网从军事与科研走向商业化，用来将各种大机构连接在全球城市中的数字基础设施，开始服务于那些也可接触网络的个人，后来虽有席卷全球的网络泡沫期，但互联网潮流终究浩荡奔腾，一发不可收拾。也正是在这一重要的转型时期，卡斯特进入信息基础设施和媒介权力政治学的研究之中。随着探索步履的深入，他逐渐形成了关于网络社会的一个重要思路：新的社会形态及其发展前景，使得从前以国家为中心来理解权力问题的方法越来越不合适了。因为国家不再能够以原来的方式垄断信息，大量经济、政治和文化权力实际上已转向了媒介系统。这里的“媒介系统”当然今非昔比，它本质上是上述所说的数字化和网络化中的多种因素并存、渗透及其各种复杂的相互关联。

在《卡斯特论媒介》中，霍华德采用“媒介系统”和“媒介网络”的语词来引导读者理解卡斯特的思想：“我们不应该谈论媒介系统，而是应该把它们称为媒介网络。出现了若干强大的新结构，即网络，它们支持社会互动的特殊形式、独一无二的权威模式和特定的权力源泉。控制信息的权力不再独属于国家机构，它存在于媒介网络之中。而媒介网络是由社会关系和传播技术构建的。”(p.20)对于“权力为什么迁移到了媒介网络之中”的问题，卡斯特 2001 年的回答一语中的：“就因为……只是在历史的此时此刻，才出现了一个使其成为可能的技术基础设施。”(p.90)

立足于此，霍华德的看法是，卡斯特研究媒介的网络视角不仅改变了以往有关权力是什么、在哪里和怎么样的思路，而且推进了自 20 世纪 80 年代盛行起来的关于“信息社会”的讨论。如果当时所说的“信息社会”是一个用来与农业社会或工业社会相比照的术语，从而强调当代经济、政治和文化的重要特征是由信息的作用所确定的，那么，卡斯特则通过对现实社会的观察和以下观点的论证，向前推进了关于媒介的认识，即：新近几十年发生的变化不仅仅是作为重要因素的信息的作用，而且是由信息结构和组织模式变革所导致的。

媒介研究通常不同程度地涉及社会政治、经济和文化的影响，时间和空间及其观念的变化，构成媒介或由其参与构成的社会结构等因素。霍华德也一再强调，需要将卡斯特置于媒介研究者的网络之中，尽管他是其中一个不可替代的重要节点。例如，加拿大传播学者英尼斯 20 世纪四五十年代的结论为卡斯特的观点提供了启发，它们包括：特定传播工具的使用限定了特定社会共享和保存知识的质量与数量；对于早已消失或文化上遥远的社会的理解有赖于它们的媒介特性；新的传播技术使新的组织形式成为可能，而那些依赖单一媒介的社会将会变得停滞不前；等等。

英尼斯等人关于媒介的深刻思想在卡斯特那里得到了确证和延伸。《卡斯特论媒介》从六个部分讨论卡斯特的媒介思想，分别是：卡斯特和网络社会理论、媒介经济和在线生活、权力和政治的网络、数字世纪的文化产业、移动的和社交的媒介、媒介统治和统治媒介。它们相对自成一体，又从不同角度共同服务于卡斯特媒介研究的主题。而霍华德则力求将其融会贯通，行进于逻辑与历史、理论与现实的交融中，探寻个体和群体、以往与当下的思想之流。卡斯特的一些重要思想和概念被嵌入新的语境，诸如“流动空间”“无时间的时间”“全球城市”“移动的和社交的媒介”“以媒介为中心的空间”等。与它们构成连动和互通的，还有诸多以不同方式延续的、新近出现的、或更加“流行”的事件和案例，诸如长尾（the long tail）、网飞（Netflix）、“互联网电影数据库”和开源运动（open source movement）等。

四

如前所述，从卡斯特的网络视角出发来研究媒介，我们对于社会各个领域的总体看法便在本质上不同于前互联网时期，尽管它们之间有着千丝万缕的关系。例如，“按照网络视角的观点，权力关系主要由传播结构所限定，也是通过传播结构所限定”(p.38)；关于经济组织的网络视角揭示的问题是：“相比公司内的等级制管理，公司之间的强弱纽带如何可能对企业的成功产生更大的影响”(p.22)；而由之看文化，它“就是生产、消费、权力和体验的关系，以及支持这些关系的信息基础设施”(p.57)。

《卡斯特论媒介》可以说是一本融理论与实践为一体的著作。它有令人感兴趣的特定主题，有穿插于深邃分析之中的典型案例，也有不少可视化的数据图表和妙语警句。正如该书封底所言，“《卡斯特论媒介》介绍了一个伟大的思想家,描述了网络社会的原创理论,并鼓励读者们使用这些理论来帮助他们理解数字媒介和社交网络在其生活中的重要性。”

与对其他在特定历史时期产生重大影响的思想家的解读一样,“融会贯通卡斯特的著述,并非总是一件容易的事情:有些思想是复杂的;有些思想似乎是矛盾的,即便他的思考已经有了新的发展;还有一些明显的批评观点。但是,否认他的贡献是不可能的……”(p.14)霍华德试图通过分析介绍卡斯特的媒介思想而充分吸引读者,其中目的之一是引导读者继续阅读原始文献;他想确定卡斯特媒介研究的起点,努力使《卡斯特论媒介》一书更加聚焦,从而阐述我们能够从卡斯特的媒介网络视角中得到怎样的启迪。他当然无法回避卡斯特的媒介学说业已受到的批评,或者引起的各种争论。例如:是否需要为有关结论提供更多的证据?怎样看待媒介要素的多重性与国家通过投资管理而在媒介结构中仍占据重要地位之间的关系?如何在当今媒介研究中运用网络社会的因果链条和规范的分析模型?还有相对来说更加重要的地域空间问题:“卡斯特的许多研究都处于网络核心地区,他的不少证据也是来自全球城市、美国和欧洲的主要媒介组织以及西方富裕国家。或许,有关数字媒介对于世界其他地方的影响的问题,卡斯特提供的见解还不够。”(p.101-102)

对此,霍华德尽可能地客观全面地罗列不同意见,从卡斯特本人的思想和他自己的理解出发,力求对各种批评做出回应与阐释,并同时展示可供选择的其他路径和方法。比如,关于国家权力的问题,他说:“卡斯特的重要贡献之一是提出了以下观点：经济的、政治的和文化的权力不再真正存在于国家之中，而是存在于由诸如迪士尼、时代华纳或高层政治机构联手统治的媒介网络之中。但或许矛盾的是也做出了如下论证：权力存在于个人用户……的多样性和非常自主的内容来源之中。……实际情况可能是这样：存在着几种权力，它们由不同的行动者所掌握。卡斯特指出了权力和反权力之间的差异，后者是挑战统治和使社会关系达到平等的能力。"(p.99)卡斯特和霍华德都特别指出，尽管在运用反权力获得政治机构重大变化的社会运动方面，还少有真正成功的例子，但这种"博弈"在网络社会显得日益突出。

存在于网络个体用户之中的力量并不是单一的，它们出现和活跃于社会生活的各个层次。既然数字媒介和社交网络在个体生活中具有如此重要的地位，认识和理解它们就成了网络时代基本素养的组成部分。霍华德本人在《卡斯特论媒介》的"附录"中，通过几个练习来帮助读者探索自己的网络和媒介消费习惯：数字网络可视化的练习、跟踪媒介和文化消费的练习、监控和反监控的练习。它们顺延卡斯特的思路，对海量电子数据做出推断和认识，从操作层面上解读个人日常生活的"反权力"，并帮助读者在警惕和理解自己网络的个人语境或全球语境的基础上，掌握生存于网络社会的一些必要的自主性技能和策略。

总之，对于卡斯特媒介研究的网络视角所遮蔽的问题，霍华德的基本态度是，卡斯特为联合众多使用网络社会概念的学者提供了一个信念：数字媒介已促使社交网络成为跨越许多不同经济、政治和文化机构的主要组织形式之一。尽管卡斯特的媒介研究和网络视角受到了普遍的尊重,但仍存在许多质疑,它们同时也激励了未来的研究方向。“卡斯特的批评者们已经确认了网络视角尚未触及的领域,而新一代人可以就这些领域继续努力。”(p.104)

遵循类似的思路,相对于卡斯特的宏大体系和丰富思想来说,霍华德的《卡斯特论媒介》也是一家之说,是围绕一个主题的若干方面的解读,以及一个学理较为明确集中且不那么晦涩难懂的尝试。它当然也应该是一个开放的文本:无论是对于卡斯特媒介思想的理解和阐述,还是在此基础上霍华德本人的评价、运用与拓展,都是如此。

本书根据政体出版社2011年英文版本翻译,复旦大学信息与传播研究中心、中国传媒大学出版社给予译者极大的支持与帮助。该文本内容涉及当代新媒体变动不居的发展,涉及相关理论的对接与互动以及多学科的交融渗透,尤其涉及对于卡斯特媒介思想及其特定研究的理解和把握。译者在翻译过程中力求准确到位,也尝试通过这一“再创造”体现原著本身的思想与学术内涵。尽管如此,译文本身肯定还存在不当不妥之处,诚挚希望学界师友予以批评指正。

殷晓蓉

上海,浦东

致 谢

本书受到曼纽尔·卡斯特教授 2010 年在华 X
盛顿大学系列演讲的启发。作为一名沃克·埃姆
斯(Walker Ames,项目)的客座演讲者,卡斯特也
与学生见面,并参加我的研究生研讨班,与学生进
行了几次长时间的交谈。他鼓励学生们追求自己
的研究路线,这种宽容大度推动我探寻使其思想和
工作为广大读者所接受的方法。而且我相信,他会
认为,作为一个来自社会科学和人文学科的博览群
书的团体,研究生研讨班的参加者对他的最新研究
提出了富有建设性的批评和评论。我非常感谢由
凯瑟琳·伍德沃德(Kathleen Woodward)博士领
导的辛普森中心(Simpson Center),它发起和支持
了这个研究生研讨班。

即便作为一本书,这项工作也是数字媒介网络
的结果。首先,这本书是在云中撰写和编辑的。它
并未以实物形式出现,将来也不会以实物形式出
现,除非你以实物形式购买了它。当我工作时,这
个文件甚至没有真正存放在我的硬盘上;它位于网
络中某个地方的服务器上。当软件崩溃或网络断 XI
开是不可避免的时候,我使用存放在硬盘上的备份

文件,但大多数情况下,我都把文件保存在网络中。为本书所做的研究是在线上进行的,查阅的期刊是电子版的。我有卡斯特著作的纸质版,但我用它们的数字版本在文本中搜索,并用它们的数字版本以非线性的方式探寻各种思想。

其次,卡斯特的思想需要被置于更广泛的媒介研究者的网络之中。本书是献给卡斯特的,也是与他的思想相关的(尽管我会就某些问题做出自己的解释)。如果对每个句子都提供引文的话,那会导向泛泛而读,因此,本书不是一本注释式的参考书目。对于重要论题和批评意见的来源,我提供了作为切入点的直接引文,但目的是使读者有兴趣继续阅读原初思想和原始文本。有时候,这也许意味着继续研究其他学者及其文本。

图 I.1 和 I.2 由克里斯·哈里森(Chris Harrison)提供,见:http://chrisharrison.net/projects/internetmap/index.html。图 3.1 由吉恩·基奥(Gene Keo)提供,见:http://blogs.law.harvard.edu/anderkoo/2008/10/14/a-network-analysis-of-the-obama-08-campaign/。图 3.2 的构成使用了 www.theyrule.net 的制图工具。图 4.1 来自曼纽尔·卡斯特和阿梅利亚·阿瑟诺尔特(Amelia Arsenault)的《全球多媒体企业网络的结构和动力》[见《国际传播杂志》2008(2):707-748],由作者提供。图 5.1 由本人提供。

感谢以下人士对本书提出的问题:利贝卡·法里基(Rebecca Fahrig)、沃纳·兰基奥(Werner Colangelo)、卡森·法里基-科兰杰诺(Carson Fahrig-Colangelo)、乔希

(Josh)、海伦(Helen)、奥斯卡(Oscar)和安格斯·惠特金(Angus Whitkin)、桑迪·奥(Sandy Oh)、特雷西·卡萨范特(Tracy Cassavant)、娜萨莉·奥-卡萨范特(Nathalie Oh-Cassavant)、吉诺·塞格雷(Gino Segre)、凯特·戈登(Kate Gordon)、朱莉亚·塞格雷(Julia Segre)和其他
“朋友们”,他们打断了我的工作,并使之复杂化了。本书 XII
中的某些见解来自教学,而教学本身是研究过程的一个重要组成部分。我必须感谢作为“新媒介基本概念”研讨班部分参与者的本科学生提出或好或糟的问题,以及“传播和权力”研讨班上研究生提出的或好或糟的问题。马扎米勒·赫萨恩(Muzammil Hussain)帮助搜集了卡斯特的文章和著作章节,艾登·达菲(Aiden Duffy)为可视化社交网络的练习设计了抽取脸书数据的程序。感谢政体出版社编辑安德里亚·德鲁甘(Andrea Drugan)的眼光。本书确为汉默·霍华德和戈登·霍华德(Hammer and Gordon Howard)所作,但不是在期望他们会阅读此书的意义上,而是在他们是我寻找额外工作的主要理由的意义上。

菲利普·N. 霍华德

马来西亚,槟城

目录

导 言

曼纽尔·卡斯特是当代最重要的社会科学家 1
之一。他精心设计的研究问题吸引了许多学生，他的那些发现既启发又激起了其他学者的兴趣。他关于媒介网络和权力的思想既得到了最广泛的接受同时也受到了最经常的批评。今天，有关媒介、网络和权力的对话是从卡斯特的思想开始的。

在直观层面上，我们中的许多人已经看到经济、政治和文化生活中的重要变化，而对于这些变化的解释似乎经常包括数字媒介的叙事。为了帮助我们理解这些凭直觉能够感受到的差异，曼纽尔·卡斯特提出了一种媒介网络视角，而这个导言性的章节就是用来概述网络视角所揭示的各个方面，以及它所遮蔽的各种问题。在这一章的最后几页，我将介绍本书的思想路径和其他章节的概要。整本书中，关键术语及其定义在文本中以斜体（中译本中用粗体）表示，也会再次见于书后的索引中。

关于媒介的网络视角

2 我们可以通过许多分析框架来研究媒介，而我将论证的是：卡斯特在发展最重要的框架之一，也就是网络视角的框架方面，已经做了大量的工作。其他分析框架可能揭示性别、人种、种族的不平等或其他形式的社会不平等，能够解释媒介如何构成信息技能、内容制作或政治知识。其他分析框架优先考虑特定的分析单元，并且能够阐释诸如民族国家或大公司等政治行为者如何构建和操纵媒介权力。但是关于媒介的网络视角具有三个基本假设。

关于媒介的网络视角的第一个假设是：我们的分析单元应该不限于大集团或组织。有时候，媒介集团、国家监管机构和主要政党也通过媒介对媒介产生了巨大的影响。但是数字时代充满了个人通过使用廉价消费类电子产品而对我们的政治、经济和文化生活产生重要影响的例子。进而，数字媒介工件(digital media artifacts)——诸如网站和社交网络应用程序——本身可能是有意义的分析单元，并可以为社会互动结构提供很好的证据。这样，研究媒介就必须涉及对于建构和管理媒介基础设施的大型组织的研究，涉及对于通过媒介而制作和消费内容的个人的研究，涉及对于通过媒介而被制作和被消费的内容的研究。

关于媒介的网络视角的第二个假设是：无论是组织、个人还是内容，分析单元之间的链接都比分析单元本身更

3

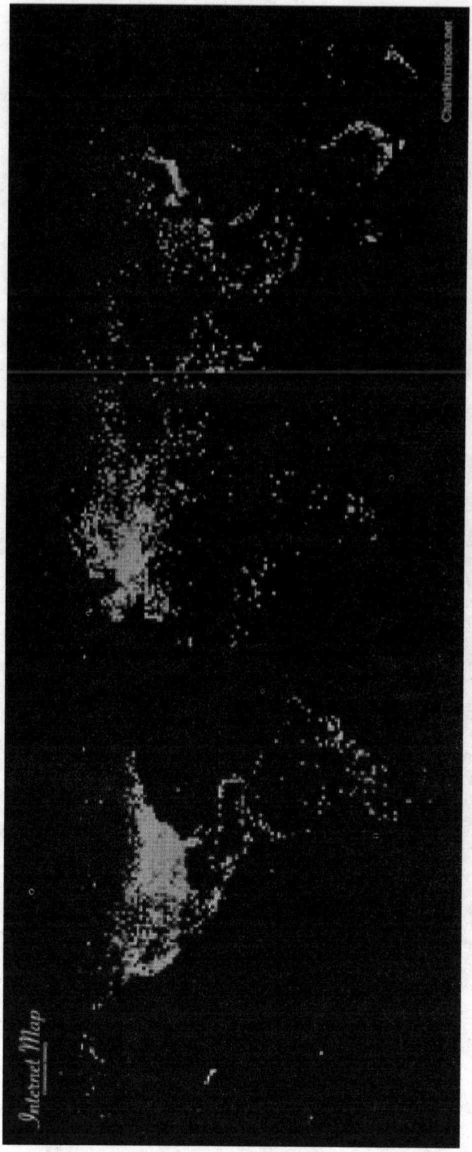

图 I.1：全球信息基础设施（随服务器位置发光）

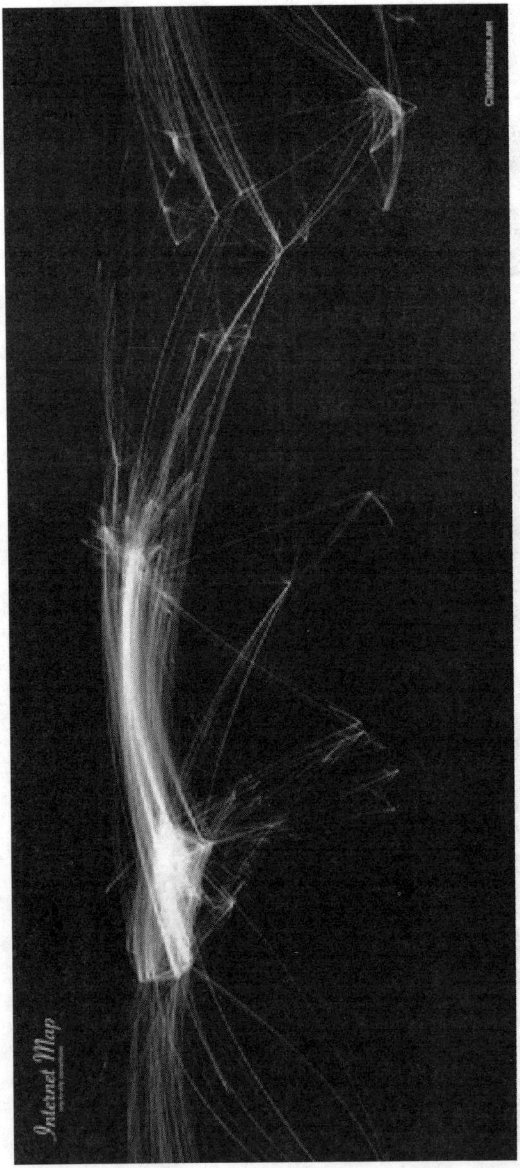

图 I.2：全球信息基础设施（随服务器之间的流量发光）

4

具有启发意义。对于媒介的理解不可能仅来自对于媒介
系统中的主要“玩家”的简单分类，它来自对于政府、公 5
司、消费者和内容之间如何相互关联的理解。并非所有网络都是均等的(equivalent)，而网络是由其他网络构成的。组织、个人和内容之间的这些纽带、交易和链接揭示了许多结构方面的问题。人们也许认为自己是加入了群体的个人，但实际上他们是网络中的节点。

关于媒介的网络视角的第三个假设是：网络结构为社会行动既提供了空间，也提供了约束。媒介所有者、监管者和用户之间的许多联系可以被网络成员所使用，但是纽带模式也会限制网络成员的机会。这个社交关系网和数字链接可以将类似的组织、个人和内容联系在一起，它也能够架起不同组织、个人和内容之间的桥梁。但是不管分析单元如何，研究媒介的网络视角都会揭示链接用来提供结构的方式。

网络视角对全球媒介基础设施做了大量的揭示。例如，图 I.1 将基于互联网服务器实体位置的世界可视化了。北美洲、欧洲和亚洲的富裕城市拥有世界上大部分的互联网基础设施，因此，这些地区在图中闪闪发光。其他社会世界的轮廓几乎在那里找不到，而拉丁美洲、非洲和亚洲的沿海城市还是可见的。出于明智合理的原因，媒介基础设施已经随着城市空间的发展而得到发展。

将信息基础设施可视化为网络链接的做法还有助于产生一个不同类型的图像。图 I.2 采取了更有意义的网络视角，因为它建立在服务器之间的纽带的基础上。互

6 联网的数字媒介之所以愈发重要，毕竟基于这样的事实：各种设备是相互链接的。图 I.2 中的网络视角揭示了有关全球媒介基础设施的其他几个方面。至关重要的是，关于流量的图像揭示出数字网络并不是随机分布的。互联网实际上并不是一个去中心化的网络。相反，全球数字媒介有一个清晰的核心和边缘(core and periphery)。图 I.2 不仅告诉我们这个星球上的哪个区域拥有大部分服务器基础设施，而且告诉我们哪些地方是核心部分、哪些地方是边缘部分。网络社会的中心地位不仅是要成为一个节点或与其他重要节点紧密地结合在一起，而且是核心与边缘之间链接分布。换句话说，非洲和拉美国家的确拥有信息基础设施，但是它们之间的连接不像它们与北美和欧洲之间的连接那么重要。

第一，通过网络视角，北美和欧洲之间的网络纽带的突出地位变得更加明显。这些大陆中的城市不仅拥有重要的数字媒介基础设施，而且数字流量的社会联系也是最为活跃的。

第二，当人们通过服务器的实体位置来查看全球数字基础设施时，非洲海岸线得到了非常清楚的限定。但根据流量来查看时，这个大陆的轮廓就消失了。非洲与数字网络的纽带似乎确实是脆弱的，只有开普敦、德班和阿克拉与全球信息流动明显相关。如果以流量和网络连接来衡量其重要性的话，那么非洲、拉美和中亚的许多地方就都消失了。

不管你是否使用诸如“卡斯特版”的网络视角来看问题，媒介研究都是一件令人兴奋的工作。媒介几乎对社

会生活的所有领域都有影响。而且，正是通过媒介，我们 7
作为个人才能够对社会其他人如何处于政治、经济和文化生活之中有所了解。在许多现代民主国家，媒介基础设施使得政治、经济和文化成为可能。对于许多人来说，正是媒介在选举日为我们提供了就政治候选人做出决策所需要的信息。它让我们了解市场上的产品和服务，它也给我们带来了艺术家制作的创造性内容。这意味着媒介也是政治偏见和错误信息的一个重要来源：媒介操纵消费者并充斥着广告，制作带有低俗性别和种族成见的、低劣产值或无聊信息的文化内容。

但什么算作是数字媒介？我们也许立即想到手机和脸书页面。可是，这些不同例子的共同属性是什么？人们已经尝试了几种方法来定义新媒介，正是它们使得数字媒介非常特殊，或至少不同于旧媒介。蒙纳维奇(Manovich)通过与其他媒介——它们曾经是新媒介——的历史比较，得出新媒介的五个重要特征(Manovich, 2002)。(1)数字媒介是由符码组成的，因此是由物质事物的数字代表组成的。(2)就元件符号和声音可以被创造性地组装到更大的、有意义的文化产品中而言，数字媒介是模块化的。(3)数字媒介由许多自动化程序构成，也支持许多自动化程序。(4)数字媒介是多变的，因为复制品在衍生过程中伴随微小的变化，从而导致不同的版本。(5)数字媒介涉及某些文化转码，借此途径，非在线的文化符号获得了线上的意义；技术本身也成为有意义的文化符号，或许指向其使用者的财富、成熟老练或世界
主义。这的确是关于那些似乎改变了我们的传播方式的 8

新媒介的最抽象的定义之一。从卡斯特的目的出发，也许下述说法就够了：似乎最具变革性的那些技术具有两个属性，它们是数字的，它们是网络化的。

当我们研究“这些媒介”时，我们仍可涉及许多东西：拥有广播台和电视台的为数不多的大公司，决定如何呈现新闻的记者和编辑，好莱坞主要制片公司或实际上分发内容的信息基础设施。网络视角使得我们能够在媒介是谁和媒介是什么两者之间建立重要的联系。**媒介(媒体，media)可以被定义为由三个部分构成：(1)信息基础设施和用于制作与分发内容的工具；(2)以个人讯息、新闻、思想和文化产品为形式的内容；以及(3)制作和消费内容的人、组织与产业。如果使用网络视角，那么研究媒介指的就是研究工具、内容、制作者和消费者之间的链接和关系。**卡斯特的网络视角使他能够揭示数字媒介技术如何服务于权力。无论是为了社会精英的利益还是为了普通公民的利益，都是如此。

本书概要

卡斯特是一位重要的思想家，因为他谨慎地记录和分析新媒介技术对于社会生活的影响。并非每个人都赞同他的发现和结论，但是几乎每个人都会赞同数字媒介——诸如手机和互联网——已经产生了巨大的社会影响。这一影响自 20 世纪 90 年代中期以来就被人们强烈地感受到了，因此，后面章节呈现的证据都是有意选择的，以便我们对数字媒介扩散前后的政治、经济和文化生 9

活的组织进行比较。只要有可能,网络视角便将用来分析数字媒介在这三个社会互动的领域中起到的变革模式的作用。其他研究者也对网络视角做出了贡献,他们以卡斯特的工作为基础,卡斯特又以他们的工作为基础。既然卡斯特是学者网络中的一个重要节点,那么我将在后面章节中涉及这些学者中的某些人。

第一章叙述了他在学院的发展,从而提供了一种思想传略。这不会是详尽无遗的,如需要关于卡斯特的思想发展的更多信息,读者们可查阅菲利克斯·斯塔尔德(Felix Stalder)的杰出著作《曼纽尔·卡斯特:网络社会理论》(*Manuel Castells: The Theory of the Network Society*)(Stalder, 2006)。此外,马丁·殷斯(Martin Ince)在《对话卡斯特》(*Conversations with Manuel Castells*)中引导了一场精彩的知识对话;艾达·萨瑟(Ida Susser)在《卡斯特城市和社会理论读本》(*The Castells Reader on Cities and Social Theory*)中,提供了对卡斯特关于信息城市的著述的摘录及注释(Castells and Ince, 2003;Susser,2002)。在《传播权力》(2009)的开头,卡斯特本人讲述了一个他从学生激进主义分子到社会科学家的引人入胜的故事。本书第一章从思想传略进入对于卡斯特的著述如何影响其他学者的问题的简要的元分析。由于网络社会理论与媒介工具、内容、制作者和消费者的研究有关,所以第一章的最后讨论了这种理论。尽管其他一些杰出学者也采用网络视角来分析社会转型并且已经做了重要的工作,但这是一本关于卡斯特及其媒介的网络视角的著作。

第二章探讨卡斯特关于媒介经济的研究；第三章探
10 讨他关于权力和政治网络的研究；第四章探讨他关于文
化生产的研究；第五章介绍卡斯特关于移动和社交媒介
最新趋势的见解，也有对之的批评。每一个分析框架都
有其优点和缺点。或许我们可以更准确地说，每一个分
析框架都揭示了某些方面，但也遮蔽了其他方面。最后一
章考察了某些针对卡斯特媒介研究的批评意见。这一章的
目的并非要否定他或他的贡献，而是要确认那些仍需解答
的问题。在某种程度上，这一章是对那些可能会启发读者
们回答的问题的确认。

本书最后的附录部分包括三个练习，它们将有助于读者理解媒介的网络视角。这些练习会帮助读者理解他们自己的网络的个人或全球语境，也就是那些既赋予你空间又限制你未来的结构。关于全书的注释将用于：(1)提供关于有可能引起读者兴趣的关于特定主题的论文或书籍章节的引用出处；(2)列举多媒体内容的例子，提供警句隽言。

第一章 卡斯特和网络社会理论

本章介绍卡斯特以及他所采纳的 11
研究路径。虽然这本书整体上都以
“卡斯特”为名，但大部分传记方面的
信息都见于本章。既然他对多个学科
都进行了深入研究，那么这里也将论
及他的工作领域和他所获得的头衔。
从法国马克思主义社会学家、美国加
利福尼亚大学伯克利分校城市地理学
家，到隶属于多个机构的传播学教授，
卡斯特的职业生涯已经拥有（或被赋
予）了好几种头衔。本章将描述他的
媒介研究路径和他对媒介研究的
贡献。

思想传略

曼纽尔·卡斯特 1942 年生于西
班牙埃林。他成长并居住于巴塞罗
那，直到他的学术活动引起了独裁者
弗朗西斯科·佛朗哥(Francisco Franco)
的愤怒。卡斯特移居法国，在巴黎大 12
学获得社会学博士学位。他本人仍对
抵制文化权力的活动感兴趣，并因参
加 1968 年公共抗议活动而失去了巴

黎第十大学(the Paris X University Nanterre)[①]的教员工作。随后,他在社会科学高等研究所教书,后于 1979 年转入加利福尼亚大学伯克利分校。在那里,他被任命为社会学系和城市区域规划系的共聘教授。2001 年,他作为一名研究教授正式加入加泰罗尼亚开放大学,2003 年,他接受了南加利福尼亚大学传播和技术系主任的职位。近年来,他将时间用于洛杉矶和巴塞罗那的研究和教学工作。的确,他为研究媒介、技术和权力的一个庞大的网络人群提供指导。

起初,卡斯特最感兴趣的是城市社会学,并帮助发展了一种研究大城市社会转型的马克思主义的方法。按照卡斯特的观点,社会运动和公民运动(civic activism)在城市空间演变中发挥着关键的作用。诸如交通系统、住房和图书馆等公共资源,把不同背景的人聚集在一起,并构成了现代城市集体经验的基础。不过,到了 20 世纪 80 年代,他所研究的许多城市也在发展数字基础设施,由此使得新形式的经济交换和政治权力成为可能。如果城市代表经济发展的力量所在,那么数字网络就意味深长地扩大了城市中心调配远程资源的能力,并将那个能力投向更远的地方。在大部分情况下,这些数字媒介仅服务于政府、媒体巨头和金融机构,而且它们是优秀的仆人。信息技术使得金融活动家能够更好地评估其投资的风
13 险,估算其回报,开发更复杂的金融工具和交易机制。同样是这些技术能够使军队通过卫星防御系统、灵敏的炸

---

① 译者注:又称巴黎南泰尔大学。

弹和内部传播系统更好地投射国家力量。数字媒介使得媒体巨头有可能将城市文化推向全球化，开发媒介产品和定制广告。1995 年当互联网获得私有化时，用来将各种强大机构连接在全球城市之中的数字基础设施，开始服务于那些已经可以接触消费类电子产品的个人。[1]

正是在这个重要的转型时期，卡斯特开始研究信息基础设施和媒介政治学。

出版物与影响

卡斯特已经出版了 20 多部著作，还有几部关于他及其思想的著作。另有 80 多篇论文、工作论文（working papers）、演讲和各种可在不同的电子图书馆中获得的出版物。谷歌学术搜索报告说，12,000 本书、书的章节和论文对卡斯特的《信息时代》“三部曲”第一卷——它被称为《网络社会的崛起》——做了某些引用。其他两卷是《认同的政治》（*The Politics of Identity*）①和《千年终结》（*End of Millennium*），它们也得到了广泛的引用。这个三部曲已被译成 22 种文字，《互联网星系》被译成 15 种文字。在媒介研究、社会学、政治学、地理学和卡斯特的理论受到重视的许多其他研究领域，社会科学家们热情地期待他的新作《传播权力》。尽管卡斯特的影响难以测度，但他的确是被引用最多的社会科学家之一。

虽然世界各地的教学大纲都有卡斯特的文选，但一

① 译者注：实际上应该是《认同的力量》（*The Power of Identity*）。

14 些研究者仍凭直觉将《网络社会的崛起》视为卡斯特最具代表性和知名度的作品。作为一个研究者，如果你要做出数字媒介已经使社会秩序发生了革命的假设，然后进入你自己的特殊研究问题时，那么你对这部著作的引用是必不可少的。融会贯通卡斯特的著述，并非总是一件容易的事情：有些思想是复杂的；有些思想似乎是矛盾的，即便他的思考已经有了发展，也是如此；还有一些明显的批评观点。但是，否认他的贡献是不可能的，而本书的目的之一是通过介绍他的研究，充分地吸引读者继续阅读原始材料。

但是，我们应从何处开始呢？面对广博的思想议题和漫长的出版生涯，什么是确定卡斯特媒介研究起点的最好方式？怎样的书单最能代表他的研究？卡斯特关于网络社会的研究确实始于城市地区的信息和劳动力供给研究。他所称的“信息城市”(informational city)是一个重要的新现象，它挑战了当代马克思主义和社会学理论的假设。不过，为了使本书得到聚焦，我们最好还是从他在20世纪90年代中期的研究开始。就在这一时期，他开始将其网络视角从信息城市迁移到更加广阔的制度语境之中。好的理论是可以向其他语境迁移的，因此，正是凭借《网络社会的崛起》的出版，我们真正开始看到他的独特视角是如何影响媒介的。对于那些可能会将此书视为原始材料指南的人来说，我们可以推荐两份“卡斯特论媒介”的书单。

一份小书单可能包括一本书、几本著作的章节和几篇论文。《互联网星系》是卡斯特最容易阅读的著作

(Castells,2001)。不过,《传播权力》是他最新的主要著作,而他在这里对媒介网络权力做了最为前沿的讨论(Castells,2009)。一篇补充《传播权力》的好文章可能是 15
《信息时代导言》(An introduction to the Information Age),它对“三部曲”中提出的许多概念做了简要论述。另一个是以论文篇幅呈现的关于他的媒介和社会结构理论的阐述:《网络社会探索理论的材料》(Materials for an exploratory theory of the network society),其写作目的是为了回应对于他的“三部曲”的批评(Castells,1997;2000a)。

一份较长的书单可包括《传播权力》和《网络社会的崛起》文选(Castells,2009,1996)。《网络社会的崛起》的某些部分为大多数人所阅读,少部分使那些特殊读者感兴趣,在此意义上,它是一部代表作。三部曲《信息时代》第一卷得到了最为广泛的阅读,因为它提供了关于网络社会的社会结构是什么样子的综合论述。第二卷致力于社会运动和政治进程,特别是体现了网络作用下的美国、英国和欧洲等地的社会运动和政治进程。第三卷虽然发展了前两卷的某些宏观思想,但在呈现证据方面是最具特色的。卡斯特采用第三卷来证明两个富有意义的社会事件——苏联解体和亚洲“四小龙”的崛起——是新力量在网络社会发挥作用的结果。的确,正是在这一卷中,他探讨了网络社会不平等的负面问题。

肯定存在着对于论文、著作章节和著作的其他组合与排列,那可能会是一份很好的书单。对于卡斯特的著述,不同学科会形成它们自己的书单。地理学家或许对

见于《网络社会的崛起》(《信息时代:经济、社会与文化》的第一卷)第六章“流动空间”的论述最感兴趣,或对《互
16 联网星系》第八章最感兴趣。组织行为学者、经济学家和经济史学家可能喜欢《网络社会的崛起》第二章或第三章。社会学家似乎最为经常地以第一章、第四章和第五章为基础。“三部曲”第二卷详尽研究了从女权主义到环保主义的社会运动。就那些对于国际关系或国际政治经济感兴趣的读者而言,“三部曲”第三卷包含了苏联解体、20 世纪 80 年代末的亚洲金融危机和全球犯罪网络等丰富内容。

卡斯特不仅在媒介方面是一位颇有影响力的学者,他也是学术网络的一个节点。也就是说,在他的职业生涯中,他有赖于其他人的工作,其他人也有赖于他的工作。他与别的学者进行合作,同时通过合写论文、著作章节以及编辑文集来指导学生。他卓有成效地使用自己的社交网络来维系巴塞罗那、巴黎、旧金山和洛杉矶的知识社区之间的纽带。而这些城市的大学不过是卡斯特全球网络化的知识共同体上的节点。

在勾连卡斯特的思想和论据与其他学者的思想与论据的时候,人们可能有各种各样的策略。其他一些著名学者也从事数字媒介的研究。因此,借助引用来建立既影响了卡斯特也受到卡斯特影响的人和文本的广泛网络,就成了一件颇具吸引力的事情了。专家们可以阅读他的著述,并就某些见解的来源做出有根据的推测。当我在卡斯特的论证中看到其他学者的相关成果和思想,或认为某个读者也许想了解卡斯特可能的灵感来源时,

这个网络就有可能为其他学者提供引证。考虑到卡斯特的出版经历和影响，这样会导致一部附有冗长参考书目的巨著。以下几章旨在描述他的媒介研究的特点。因此在大部分情况下，当卡斯特本人称其与自己的论述相关时，本书也将引用其他学者的观点。为了帮助读者们理 17
解卡斯特对于其他学术著作的借鉴，本书通篇会提及许多其他的知名学者。

关于网络理论的基本论述

对于我们当中那些有兴趣研究媒介的人来说，比起1900年至2000年，从2000年至今似乎发生了更多的变化。在过去几十年中，绝大多数生活在富裕国家的人上网容易了，且世界上绝大多数人更容易接触到手机。越来越多的人能够与家人和朋友保持联系，网络甚至带着我们穿越各大洲。作为长达一个世纪的电影院和广播网络演变的产物，大部分文化产业和新闻组织不得不快速发展数字媒介，否则就会面临破产。在大部分民主国家，特别是在西方，一个政治家如果没有某种数字媒介竞选运动，就不可能获选。在世界上其他大部分地方，手机在敏感的政治时刻激起了选民或者抗议者的热情。

将人们连接起来的网络也许涉及诸如计算机、手机、无线网络和海底干线电缆等媒介。但是这些网络基本上都是社会性的：连接城市和穿越海洋的光纤网络的铺设是有意图的，即服务于（富裕）人口。赛博空间中流动的比特是由人所创造和接收的（尽管有时候不是直接创造和接收的)。

与马歇尔·麦克卢汉和哈罗德·英尼斯一样,卡斯特有力地论证道,如果我们不研究媒介技术,就不可能理解社会。“技术并不决定社会。社会也并非被动地适应
18 技术变化的进程。既然个人发明和企业家精神等许多因素,都介入科学发现、技术创新和社会应用程序过程之中,其最终结果将依赖于相互作用的复杂模式。”(Castells,1996:5)在其关于互联网的社会影响的研究中,卡斯特做出了某些观察,它们类似于麦克卢汉在研究电视影响时做出的观察。比起麦克卢汉,卡斯特或许借助某种更加系统的搜集方式而提供了更多的证据。不过,麦克卢汉还是雄辩地提出,电子技术系统将人们连接到一种社会神经系统上去。新的传播技术似乎正在扩展我们的全球意识,它们改变着我们的创造过程,并产生了各种新形式的知识。电子革命去中心化、整合和加速了社会互动,也导致了技术融合(McLuhan and Lapham,1994)。

作为一个经济史学家,英尼斯是最早从专业角度研究文明如何传播的学者之一(Innis,2008)。他提出了三个核心假设,它们随着时间的推移仍然生机勃勃,也支持了卡斯特的研究。第一,英尼斯论证说,特定传播工具的使用限定了特定社会共享知识的质量和数量,也限定了关于那个社会所保存的知识的质量和数量。第二,他论证说,新的传播技术使新的组织形式成为可能,因此,那些依赖单一媒介的社会就会变得停滞不前,难以流动。第三,他论证说,我们对于早已消失或在文化上距离我们

很遥远的那些社会的理解，有赖于它们的媒介特性。如果这些假设是正确的，那么，卡斯特就能够明智地论证说，我们创造和分享知识的方式将由数字媒介所构成，数字媒介将支持新形式的经济、政治和文化组织。未来的媒介学者将不得不证实我们的影响是否只有通过我们的媒介才能够得到解释。

虽然有些研究者也许看起来对于新技术将如何使社 19
会发生革命的问题过于乐观，但没有多少学者会真正认为技术直接导致社会变化。与之截然相反的是，大部分研究者谨慎地注意到，媒介技术和社会秩序一起演化，并且相互建构。如果没有其媒介技术，社会就不能得到理解，那么，在不考虑其社会语境的情况下研究媒介技术又有什么意义？（对于研究媒介的那些人来说，答案是否定的！）

信息社会是一个用来与农业社会或工业社会形成对照的术语，以强调当代经济、政治和文化的重要特征是由信息的作用所确定的。信息社会可以被简单地定义为一组社会关系，在此，数据——而非资本或劳动——是价值的最重要来源。卡斯特用来推进我们关于媒介的理解的方法之一是通过论证刚刚过去的几十年中发生的变化而获得的：重要的不仅仅是信息，而恰恰是信息的结构和组织方式。

> 我的研究的暂定结果应该使我们有可能停止使用信息社会的概念，代之以网络社会的概念，以作为我们时代的特定社会结构的特征。（Castells，2000b：110）

信息社会的概念的提出是为了解释信息供给在经济发展和信息工作者阶层崛起中的重要作用。许多经济学家和政治理论家都帮助完善了信息社会这个比喻。尽管不同的学者强调信息社会的不同特征,但他们中的大部分人都坚持一个属性(attribute):权力居于民族国家之
20 中。的确,定义信息社会的方式之一是说,国家垄断信息工具,这是有关国家垄断暴力工具的那个更加经典的定义的变种。

但是,卡斯特推翻了这个以国家为中心来理解有关权力何在的问题思路。他采用其他两位知名学者的著述来构建自己的论证。乌尔里希·贝克(Ulrich Beck)论证了,国家权力正受到全球化(它限制了国家的主权)、放松管制的市场压力(它降低了国家的干预能力)和公共合法性的下降(它减少了国家对于公民的影响)的挑战(Beck,2006;Castells,2007)。兰斯·本尼特(Lance Bennett)论证了,媒介是一个连接紧密的系统。在这个系统中,通常是印刷媒介的记者生产原始信息和突发信息报道,电视负责为广大受众传播信息,而广播负责定制新闻内容,并提供某种互动(Bennett,1990)。卡斯特则论证说,既然国家不再真正地垄断信息,大量经济、政治和文化权力实际上已经从国家转向了媒介系统。进而,不仅是信息成了限定当代社会的一个重要的新源泉。我们不应该谈论媒介系统,而是应该把它们称为媒介网络。若干强大的新结构,即网络的出现,支持了社会互动的特殊形式、独一无二的权威模式和特定的权力源泉。控制信息的权力不

再独属于国家机构，它存在于媒介网络之中，而媒介网络是由社会关系和传播技术构建的。

因此，卡斯特论证说，在当代网络社会，存在于媒介网络之中的权力比存在于国家之中的权力更加强大。工业社会的确有传播系统，但那些系统是大众媒介，它们有效地将信息从一个人分发给许多人。在网络社会，传播 21
系统以非常不同的方式分发信息和内容，这对于经济、政治和文化生活产生了巨大的影响。

注释：

[1]国家科学基金会（Fhe National Science Foundation）就其在建设互联网基础设施方面的作用，提供了信息丰富的多媒体演示，参见 http://www.nsf.gov/news/special_reports/nsf-net/。

第二章 媒介经济和在线生活

新的信息技术对于经济有着巨大 22
的影响。相比前互联网时代,市场的
运作方式不同,公司的行事方式不同,
消费者行为也不同,特别是发达世界
的经济已经变得信息富有(information-
rich)和网络化了。本章介绍永久的
Beta 生产(Beta production)和长尾(the
long tail)等某些更加流行的概念。网
络社会的独特经济组织的重要例子包
括网飞(Netflix)、iPhone 的应用程序
经济和亚马逊网站。关于经济组织的
网络视角揭示出这样的问题:相比公
司内部的等级制管理,公司之间的强
弱纽带如何可能对企业的成功产生更
大的影响。进而,网络视角对于理解
下述两类公司的现代运营都特别有
用:一是小型互联网初创公司,二是采
纳了这些小型公司管理策略的大型媒
体软件和电子游戏公司。尽管网络泡
沫及其破裂只是几年前的事情,但许 23
多小型公司的组织创新都对整个经济
其他部分的组织行为产生了巨大的影
响(Neff,2011)。

有几位学者分析了那些同样也使卡斯特感兴趣的趋势,但是得出了不同的结论。有些人喜欢将当前经济、

政治和文化生活称为一种“信息社会”，而不是网络社会。尽管我们现在的生活方式有许多不同的特点——其中最值得注意的是数字媒介的重要性，但卡斯特还是不愿意将社会变革视为增长的不同阶段。

卡尔·马克思或许是首批社会科学家之一，因为他根据大量有目的地收集的证据来进行论证。他最重要的论点之一是一种现代化理论，即这样的思想：社会经历了经济增长的阶段，而所有社会都必须经历所有阶段才能够进步。从封建社会到农业社会，而其中许多社会成为工业社会，有些当代学者论证说，最先进的工业社会已经变成了信息社会。但是卡斯特并没有为经济发展提供这样一种线性模式：

> 从工业主义到信息主义的转变不是从农业经济转变到工业经济的历史对等物，因此它不能等同于服务经济的出现。（Aoyama and Castells，2002：138）

相反，卡斯特论证说，应该把经济发展视为一种组织形式的演变，而不是一系列阶段。长期以来，诸如教堂、
24 国家和公司之类的等级机构，是最有效的资源整合方式，也是解决集体行为问题最有效的方式。社会网络是存在的，但它们是小型和个人的网络，对于大型的公共事业来说并不是非常有效的组织手段。新的信息技术特别重视组织的网络形式，对于媒体企业、政治竞选和文化产业来说，尤其如此。目前，就集体目标的实现而言，网络有时

看起来比等级制更加有效。

信息工作者的确是全球经济的一个重要部分。诸如科学家、工程师、设计者、财会人员和媒介制作人员之所以被归类为信息工作者，是因为他们在创造知识、传播思想或加工信息方面的作用。每项工作当然都涉及某种信息管理，但是对于那些特定的工作来说，所需要的主要是创造、传播和加工信息的能力。而且整体上，在大多数发达经济体中，过去 50 年中增长最快的专业类型是与信息相关的工作：目前创造大量经济财富的管理者、技术专家和文职人员。

此外，将全世界的工业连接起来的经济网络创造了大量的财富。总部和有形资产被置于某个物理空间，在这个意义上，金融和文化产业（下面第 60-64 页的“文化产业的转型”中将对此予以讨论）也许是地方的。而且，大部分公司和大部分工作都不是全球性的，它们通常驻扎在城市里。但在网络社会，几个主要城市构建了一个卡斯特所说的“全球核心”(globalized core)。金融市场实际上就位于这些城市之中。商品和服务贸易或许是一种国际交易，但交易条款是在相对集中的中心地带进行谈判的，在那里，信息管理员实际上是在进行谈判。科学技术 25
研究以及文化产业繁荣所需要的专业劳动力也处于这些全球城市之中。传播网络的确使得国际商品和服务、股票和债券以及货币的大规模交换成为可能。1998 年，全世界货币市场每日的成交量是 1.5 万亿美元，比英国当年的国内生产总值略高一点。今天，凭借数字网络的主要信息基础设施，这个数字已达到近 4 万亿美元。

如同前面一章所解释的那样，技术和社会发展是相互交织的。因此，信息技术不可能是经济全球化的特定而又独立的原因，但它是经济全球化的媒介。自20世纪70年代以来，最早的数字网络被迅速地投入经济网络的使用之中。回想起来，这些数字网络对于我们的工作方式和公司做生意的方式还产生了其他影响。一个基本见解——正是网络视角的开端——来自马克·格兰诺维特(Mark Granovetter)。在其文章《弱纽带的力量》(The Strength of Weak Ties)中，他阐述了不同类型的网络纽带对于不同的事情有着怎样的用处(Granovetter,1973)。你与诸如家人和好朋友之间的强纽带最适合于调配有形资源，你与诸如同学或职场熟人之间的弱纽带往往超越地方的社会和地理界限。因此，你更有可能从强纽带那里借得一辆车或获得一笔小额贷款，也更有可能从弱纽带那里获得新工作或约会的机会。不管采用何种方式，社交纽带都是大多数经济交易运作的原因。今天，数字媒介是使整个经济运作起来的信息基础设施。

网络企业：永久的 beta

26 组织经济生产的一个传统方式涉及组建一个具有员工等级组织的公司，它进行市场研究，并为顾客提供批量生产的商品和服务。但是，新的信息技术使得某些企业——特别是那些与数字媒介有关的企业——能够自我组织，并用网络视角将其用户联系起来。在《网络社会的崛起》中，卡斯特指出，在生产过程中，利用网络纽带使用户参与生产过程的做法，可以带来一定的效率，而且自互联网扩散以来，许多经济的和组织的流程都已经信息化了。内夫(Neff)和斯塔克(Stark)略为推进了这个思想，并提出了一个有趣的比喻，用来形容由用户驱动设计(user-driven)和测试—反馈—创新循环的经济："永久的beta。"生产系统 (2004)

从形式上说，网络企业是一种"特殊的企业形式，它的工具系统是由自主目标系统的各部分交织构成的"(Castells，1996：187)。换句话说，网络企业通过不同服务——有时候是不同产品带来收入。这些服务(或产品)或许彼此之间没有什么关系，除非有一个核心的生产者团体认为这些服务有助于达成一种共同拥有的使命感。谷歌也许是网络企业的一个很好的代表。即便它目前在规模和经济增长力方面都有了发展，但它的成功取决于它将非常不同的创新单元连接起来，以便大范围地生产各种在线工具(而广告可以附加于其上)的能力。搜索引擎或许是一个核心应用程序，但是，那些生产海量应用程序——它们作为谷歌服务而得到使用——的团队在自己独特的产品目标下运作。视频工具、电子邮件和搜索的集成见于谷歌的核心节点，也就是它的搜索门户。 27

进而，2009 年 7 月，谷歌只是从它的许多核心应用程序中删去了 beta 标签。它之所以这么做，只是因为那些技术公司意识到大型企业用户也许不想一直使用 beta 上的电子邮件和文字加工应用程序，即便个人用户仍将 beta 标签与其正在进行的开发和独创性工作联系起来。大部分技术和媒介业务项目都始于网络企业，但某些企业，诸如谷歌等随着其生产力的上升，并没有丧失网络企业的特点。

不过，这里的网络企业（the network enterprise）不是一个企业网络（a network of enterprises）。如同卡斯特所描述的那样，它是“由零散的公司组成的，有时候，在一个市场、一条生产线上集合成为一段时间内的战略同盟”（Castells，1998：475）。的确，不仅仅是网络公司代表着短期的、以项目为基础的团队：电影摄制组、外科手术团队、犯罪调查机构、犯罪组织和社会运动都具有永久的Beta组织的特征。对于卡斯特来说，网络企业居于合作伙伴的关系之中，这种关系将区域生产系统与区域外的消费系统连接在一个交换模式中。

许多网络企业，特别是数字媒介领域的网络企业还有另外一个特征：设计商品和服务的过程实际上只是由用户来完成的。换句话说，用户是设计过程不可缺少的一部分，因为他们提供了一些零散的信息，这些信息使得产品对于更多用户具有更高的价值。产品设计是通过使用而得以完成的（Suchman，2006）。“新的信息技术不仅是被使用的工具，而且是被开发的过程”，卡斯特写道（Castells，1996：31）。谷歌搜索服务的价值不仅在于人
28 们对它们的使用，更在于它们的搜索算法体现了某种社会价值的标准。博客和推特信息流（twitter feeds）的价值随着新的内容生产者和用户的增加而增加。

从实体店到带宽与服务

卡斯特的媒介探讨植根于关于经济的重要变化的研

究，也是与这种研究齐头并进的。截至20世纪90年代，一个广泛的共识是：信息组织和社交网络是成功企业和现代经济的关键特征。不仅生产商品和提供服务的过程越来越依赖于信息基础设施，而且经济增长本身也越来越依赖于技术创新。各种商品和服务的生产、分配、交换与消费都需要聪明的管理者，他们具有市场需求、供应链数据和质量控制系统方面的知识。聪明的企业领导人总是需要了解他们的市场、供应链和产品质量。但总体上，经济增长主要来自向企业注入更多的资本和劳动力资源。特别是在发达经济体中，新的行事方式涉及复杂的信息系统，甚至是从事信息管理的新的劳动力阶层。这样，向网络社会的转变对于经济生活的组织来说就具有两种影响：对于许多公司中的特定组织的影响，以及对于作为一个整体的经济组织的影响。

传统上，许多企业的管理都是等级制的：大型的、界限分明的、垂直整合的。组织内部的权威链是清晰的。每一个雇员都只有一个上司，每一个雇员也都可以轻易 29
地被另一个具有一套相似技能的工作者所替代。这类组织非常擅长于开发一个适合大规模制造商品的标准化生产流程。有时候，这些组织被称为福特主义，因为亨利·福特(Henry Ford)完善了这种以清晰明确的等级关系来组织劳动以及管理的制造业模式。

作为组织形式，等级制和网络适用于不同的事物。**等级制是一种界限分明的组织，具有清晰垂直的权威链，以及参与标准化生产过程的、可替换的工作者。**各种等级制有利于为了特定目标而调配大批资源，这些目标是由逐层指挥链制定的：它们集中决策，并分配任务以供执行。军队等级制是战争时期的最佳组织类型；雇员等级制是大型工厂的最佳组织方式；官僚等级制是整个国家资源的最佳管理途径。与之形成对照，网络既分发决策，也分发任务，但是当决策或任务需要更多思想和更多资源时，网络能够迅速地与之相适应并得到重组。

过去20年间，媒介经济学有了重大的发展，数字媒介也对其他产业的工作方式产生了巨大的影响。

> 当公司日益通过它们的网站——这些网站很大程度上限定它们直接介入交易活动——链接供应商和消费者时，它们就是一个信息网络。当商业咨询公司为了特定的项目与专家们签约并为某一个项目的持续而通过飞机、自行车、电子邮件或视频会议把他们聚集在一起时，它们就是一个信息网络。当多国公司建立它们自己的跨国生产网络（这些网络把它们国内分散的结构与全世界几百家供应商连接在一起）时，它
> 30 们就是信息网络，因为生产和分配只能在电子技术支持的信息交换中进行。（Castells，2000b：112）

自20世纪70年代开始，北美和欧洲的大型经济体经历了巨大的结构变革。这些经济体从主要通过自然资源和制造业来创造财富转向主要通过服务和信息加工活动来创造财富。其他国家，诸如中国和印度等承担物质

商品的生产。美国和欧洲的服务部门也发生了变化——从作为一种由体力劳动创造财富的经济的组成部分，发展成为另一种由管理信息、编写软件代码和制作文化（内容）创造财富的经济的组成部分。

媒介工作变动不居的本质

新经济中的工作也有独特性，这些特性使得新闻媒介、视频游戏或网络创业的工作似乎不同于其他劳动部门。许多人发现，与大部分制造业的工作相比，媒介工作相对来说是不稳定和不可靠的，往往涉及兼职、临时工或自由职业。从计算机程序员到图形艺术家和编剧，许多媒介工作者从事"弹性时间"的工作，并且还有其他类型的非标准化安排（Deuze，2007）。

在网络泡沫的高峰期，许多工作者接受职工优先认股权，而不是具有竞争力的工资。他们将大量个人时间、精力和社会资本投入到项目之中，并希望得到高回报，内夫将这种投资称为"风险劳工"（venture labor）。虽然网
络创业的神秘感在于，风险投资家承担支持有可能失败 31
的项目的风险，但她论证说，个体工作者往往由于将其精力投入到互联网创业之中而承担了极大的风险（Neff，2011）。许多其他农业、制造业和服务业工作都涉及信息加工，而卡斯特论证说，经济结构的转型对于日常工作具有非常直接的效应。但是，媒介工作或许是网络社会的经济组织的最佳例子，这既是因为在媒介产业中劳动力的组织方式，也是因为媒介产业所创造的总体经济

价值。

众所周知，媒介工作变动不居，所以网络面临各种新机遇。在全球经济生产网络中，媒介工作集中之处就有不稳定的劳动大军。在纽约的“硅巷”、波士顿的128公路和加利福尼亚的硅谷，兼职、临时工或自由职业占据非同寻常的高比例（Neff，2011；Saxenian，1996）。想想网络视角的一个关键信条：并非所有的网络都是对等的。这意味着不同的地方可以通过特定类型的关系而得到国际性的连接。卡斯特提供了几个例子：

> 例如，硅谷或奥斯汀是信息技术创新的决定性网络的组成部分，但不是金融网络的重要组成部分。伦敦、纽约和法兰克福（还有莫斯科和布宜诺斯艾利斯）是金融和商业网络的关键节点，但与技术创新网络几乎没有什么关联。（Castells，2000b：114）

文化生产同样也被网络化了。大型视频游戏公司建立了广泛的网络关系，这些关系将一个个国际分包商的
32 小群体连接到温哥华、西雅图、旧金山的总部。考虑到媒介产业成败的不确定性，相比在同一城市中适应略有不同的产业，媒介工作者更喜欢在这些全球城市网络中寻找就业机会。网络经济不仅意味着各种公司被连接到多国公司的供应链联盟之中，也意味着劳动力供应遵循同样的链条。在寻找新工作时，我们的第一直觉是向自己的社交网络发送简历，即便那意味着我们的简历将出现

在全国或全世界的人力资源部门。特别是在媒介产业中,就业机会和劳动力流动是通过网络而发生的。

虽然文化产业已经被转变为工厂,但它们也是那些已经全球化了的企业的范例。全球化的概念将在第五章("世界主义文化与文化认同",pp.86-90)中得到进一步的阐述。但在这里,它作为一个关于信息网络流动如何对企业产生影响的描述符号,还是有一定关联性的。传播技术"使得特定空间的合作行为的中心化成为可能,这恰恰是因为它们可在不失去本地化辅助公司的密集网络的情况下,从伦敦金融城、从曼哈顿抵达全世界"(Castells,1999:294)。但是,卡斯特阐述说,网络效应还有几个其他结果。促成这种中心化的技术也允许并没有损失多少效率的去中心化的存在。他指出,"与此同时,在新开发的大都市或在某些其他国家,后台办公室可以分散到郊区,并成为同一系统的组成部分"。因此,温哥华是视频游戏的一个生产中心,而海得拉巴是计算机工程的一个人才中心。

卡斯特估计,在1999—2000年的网络泡沫高峰期,美国43%的工作基本上是信息加工类工作:专业技术工 33
作、管理工作、文职和服务工作(Aoyama and Castells,2002)。现在,这个数量肯定是更高了。媒介工作本身不再仅仅是公关、广告、电影或广播的职业。此类职业往往意味着具有一组特定的任务,它们与特定的印刷或广播业有关。有时候,媒介工作甚至意味着工会会员资格,后者会保护编剧、演员、导演、音乐家或电视和广播艺术家的经济利益。今天,如果没有那些保护的话,媒介工作或许就是被卡斯特称为“自我程控劳工”(self-programmable labor)的最好例子了(Castells,2009:30)。

如果网络企业利用各种资源来完成特定的项目，其中一个关键的资源就是那种具有灵活性和适应性技能的劳动者。在许多当代媒介产业中，工作者具有集中于已定目标的能力、发现相关信息的能力、将信息重新组合成为知识的能力，以及运用知识来推进项目的能力。既然我们的信息系统变得越来越复杂，那么，良好的搜索技能就是最基本和最重要的劳动力资产之一。雇员需要有创造性并有意愿适应组织形式中的突发变化。他们必须熟悉各种各样的技术，并且愿意学习各种新技术。的确，“跟得上技术”是大部分现代工作的一个关键特征。

过去，一个电视摄影师与一个电影摄影师有着非常大的差异。现代摄像师必须具有数字素养(the digital literacy)，以便使用跨平台运作的设备。从视频游戏产业到电影产业，一个当代图形艺术家都是受欢迎的，也是可以流动的。但是即便对于与文化生产没有直接关联的企
34 业来说，工作模式也会发生变化。我们必须要为那些迫使我们适应新技术习惯的软件更新做好准备。

距离的消失与长尾

许多国家的经济转型已经使得网络社会成为可能。经济全球化已将权力从国家换位到媒介。不论是在我们作为雇员的日常工作方面，还是在劳动经济的结构方面，我们的工作方式都已发生了变化。而且，新的信息和传

播技术已压缩了社会空间并克服了距离障碍，以便使知识得到传播。卡斯特关于网络经济的观察被人们以各种有趣的方式重组并表达为几个通俗概念：距离的消失、长尾经济和免费经济。

弗朗西丝·凯恩克罗斯(Frances Cairncross)提出一个强有力的语词，以描述她认为的网络社会的至关重要的经济转型：物理距离形成的障碍正持续减少(the declining impediment of physical distance)(Cairncross, 1997)。如果距离不再决定传播的成本，那么小型公司将能够提供许多曾经只能由大型公司提供的那些产品和服务。各种市场将变得几乎没有摩擦，因为有更好的定价信息来促进竞争、加强对重型设备的合理使用、改善流动性，以及扩大企业自身的影响范围。许多公司会变成松散的组织，通过文化和传播紧密结合在一起。总之，凭借这一新的数字经济来创办企业，成本将会下降，而许多曾经的制造业公司会变成服务供应商。但是，数字网络不仅能帮助公司应对长长的供应链的挑战，还能应对搜集信息的挑战，以及远距离提供服务的挑战。

网中网的特性十分有趣，它能够将特定内容直接传 35
送给小子网，而这些小子网最看重内容。这个现象已经被作为“长尾”而得到了普及：提供窄商品和服务的企业模式如果利用网络关系，实际上就能够发现它们的消费者(Anderson，2008)。不是为大多数人提供最大众化的商品和服务，而是为几乎所有的人提供几乎所有的商品和服务。这意味着如果一个像网飞那样的公司能对原初《星际迷航》(*Star Trek*)的“史波克的大脑”(Spock Brain)进行最模糊的编辑，那么，将会有几千个美国成年人愿意支付其 DVD 的租金。

关于经济生活的网络视角

有两位著名的学者都采取某种网络视角对卡斯特关于文化生产经济学的研究做出了回应。在《民主化创新》(*Dmocratizing Innovation*)中，埃里克·冯·希普尔(Eric von Hippel)论证说，有可能存在非常特殊的环境，在那些环境中，一个用户社区可能是新思想和新产品的极其有效的开发者(von Hippel，2005)。这种情况主要发生于软件、信息和文化产品之中。公司从这些产品发现，培养一个延伸的消费者网络符合它们自己的利益，因此，修复漏洞或关于新产品的好想法有可能反馈到公司。最终，用户应该成为一个社区的组成部分。说到底，那些鼓励其用户基础(user base)改进软件代码、扩散关于一个产品成功的消息，或开发基于粉丝的文化内容的公司会受益匪浅。用户有助于预测市场趋势，而用户或粉丝的社区网络能够彼此支持，从而创造巨大的经济价值。

36 尤查·本科勒(Yochai Benkler)在《网络财富》(*The Wealth of Networks*)中的论点对媒介也产生了巨大的影响(Benkler，2007)。他论证说，相比封闭的思想所有制，思想的社会交换会创造更大的价值。因为传统经济学无法解释为什么诸如开源软件、维基百科和粉丝文化如此成功的原因。他发现，互联网使得同侪生产(peer-production)成为一个日益增长的现象，这对于试图控制版权材料分发的大型娱乐企业来说，尤其具有威胁。那些没有利用存在于同侪生产社交网络中的价值的企业，有可能会在经济上变得无足轻重。而那些过分强调通过知识产权保护途径来抵制这种新型文化生产的媒介企业也会发现，它们的用户转向了在网络化的公共领域中制作出来的那些文化形式。

关于媒介经济的网络视角揭示出的几种重要变化，卡斯特论证说，在刚刚过去的 20 年中，无论是商业基础还是经济结构都已经发生了变化。许多变化都最明显地见于发达经济体之中，但是因为网络效应，它们也能见于全球南部的大城市。网络化企业是一种特殊的组织形式，它运用新技术，将适合于短期生产力的材料和人才整合于某个重点产品。因此，以工作为基础的团队——而不是法人公司——是重要的分析单元。从网络视角来看，生产过程的关键单元不是公司，而是项目。

第一，越来越多的消费类产品特别是来自媒介产业的文化产品，从来没有真正完成，它们永远处于 Beta 的形
式。软件、文化内容甚至硬件越来越多地被发放给用户， 37
即便其生产者承认它们未被完成。第二，当你实际上使用软件、内容或硬件时，越来越多的经济生产特别是媒介产业的经济生产，只是接近于被完成。即使你为这些东西支付了费用，你作为一个用户的反馈使得这个产品对其他人更加宝贵，并导致这个产品的设计更接近于完成。第三，当代企业在搜集和分析关于其业务的所有方面的信息时，总是需要更加成熟的方法。将更多的资金或员工投入提高利润的过程中，这还是不够的；对一个企业来

说，信息系统本身是创造价值的方式。而且，全球经济的一个日益增长的部分就致力于信息服务。

最后，关于媒介的未来，网络社会并非没有不确定性。大量令人兴奋的新的商业模式以及生产和消费文化的创新方法已经出现了。但是许多大型媒介产业抵制新经济的某些方面，过分热衷于保护版权，游说抗议对于信息基础设施的公共投资，劝说技术用户不要太有创造性。虽然大的媒介集团渴望得到参与网络经济的好处，但对于那些它们可能认为会威胁传统版权法和其利润底线的东西，则采用政治策略来加以缓解。卡斯特与诸如凯斯·桑斯坦（Cass Sunstein）和劳伦斯·莱斯格(Lawrence Lessig)等人已经提出了制定知识产权法的几个可供选择的方案，它们在一个以网络和数字技术为中介的世界中更加有意义。但是，他们也承认在这些问题上之所以少有进步，主要是因为缺乏政治意愿。而且，正如存在着一种关于媒介经济的网络视角一样，关于政治生活的网络视角也揭示了权力如何在当今社会中运作的问题。

按照网络视角的观点，权力关系 38
主要由传播结构所限定，也通过传播结构得以限定。**卡斯特论述了他称之为网络权力(network power)的多重形式：网络权力既有能力将权力投射到现存网络之上，也有能力建构新网络。**在《传播权力》中，卡斯特将前者描述为“开关权”（switching power），因为这是一种将思想、资源或人员引入你的子网络中的能力。他将后者描述为一种“编程权”（programming power），因为这是一种选择思想、资源或人员并设计它们之间的链接的能力。管理社会关系和媒介分发网络对于当代政治权威来说，是最重要的任务之一。

就像阿尔君·阿帕杜莱（Arjun Appadurai）和本·安德森（Ben Anderson）所做得那样，卡斯特论证说，国家通过政治已经产生了将经济和文化统一起来的巨大作用。民族国家掌握了使企业和个人统一在某种共有认同和集体使命感之下的政治权威。
如同安德森在《想象的共同体》 39
（*Imagined Communities*，Anderson，1991）中论证的那样，报纸在东南亚具有创造和维持新民族的关键性作用。

仪式化的阅读时刻在弱势行为者中创造了这种国家(state),因为报纸和小说使得精英们能够用自己的语言解读其国家(country)。今天,维护社交网络应用程序上的图片和故事,发短信和发推特谈论日常生活,追踪我们的朋友和家人的活动等仪式,都是能够让我们想象个人网络的仪式化方式。

卡斯特和阿帕杜莱都认为,伴随着移民、旅游者、难民、劳动力迁移、关于这个世界的媒介想象、跨界传播、全球资本流动和来自其他认同领域的竞争,固定的和领土的关系已经变得更加不稳定了。对于阿帕杜莱来说,可以用某些方式来看待政治领域,这些方式也许使各种要素中的某些要素得到比其他要素更为优先的考虑,从而形成了一种关于政治是什么的支离破碎和不断变化的感觉(Appadurai,1996)。作为个人,我们在任何特定时间内都是几个网络的成员。我们使用数字媒介来管理这些各具特色的认同。卡斯特论证说,媒介在支持认同政治方面,仍然发挥着某种作用,但是民族或许只是我们所从属的几个亲和网络之一。民族主义本身也许来自非常薄弱的纽带。媒介网络并不只是分裂政治,而是为协调和控制提供了新机会。

媒介已经成为公共领域(the public sphere)。政治对话的公共空间(common space)处于电子网络之中。面对面的互动仍然是重要的,但是政治社会化的过程主要发生在网络的、数字的和互动的媒介之中。

因此,公民与政治之间的关系,被代表者与

> 代表者之间的关系，本质上依赖于在这个以媒 40
> 介为中心的传播空间中所发生的事情。不是媒介支配政治和政策，而是各种政治斗争，无论成败与否，都是在媒介空间之中进行的。(Castells, 2004:30)

"公共领域"是社会和政治科学中最重要的概念之一。**越来越成为一个数字媒介空间的公共领域是这样一个空间:在那里，人们讨论文化价值，为共同问题制定解决方案，并实施集体项目。**

不过，在数字媒介对公共领域将会产生什么样的长期影响这一问题上，学界存在着不同的看法。对于尤尔根·哈贝马斯来说，公共领域是一个需要共享文本的制度安排，一个对话的空间，一个行动的地方。从实践上说，这意味着所有公民都需要获得关于社会问题的相同的新闻内容。他们需要审慎思考和辩论各种解决方案，他们也需要一个物理空间来进行投票和管理公共的解决方案。从理论上说，一切相关声音都得到了倾听，最好的论点会浮到顶端，而共识则是基于理性而不是基于武力或特权的(Habermas, 1991)。

关于一个健康的公共领域应该如何运作的问题，上述观点是最普遍的理解之一，但是，它可能是用来自一个不同媒介时代的证据所精心构制的。报纸、杂志和电视新闻的编辑们过去常常执行过滤报道、发现可信信源和选择值得广泛传播的节(条)目等重要任务。在人们控制和定制他们自己的数字过滤器的网络社会，还会存在多少公共领域呢？如果大部分公民都设置过滤器来管理其主页上的新闻主题，或依赖他们自己的社交网络提供有关选举和政治的信息，那么，他们会接触到不同的观点吗？对诸如此类的问题的回答，可能是下一代媒介研究
41 者的任务。目前，我们能够回答的是关于政治生活的组织，以及媒介网络在建构政治信息的生产与消费方面的作用的问题。

网络竞选活动

网络是由节点和链接构成的。网络通常包括子网，而对于今天的那些精通技术的政治家、游说者和社会运动领袖来说，一个越来越重要的策略是利用志同道合的朋友和家人的自然纽带来开展竞选活动。那些希望收集对己有利的舆论的公民领袖，过去常常针对不同类别的人来制定竞选活动策略。许多不同类型的问题为了吸引大批选民而被捆绑和打包在一起。工作者的权利和社会福利项目对中产阶级和工会成员具有吸引力。减税和保守的社会政策对富裕的上层阶级具有吸引力。大选时，不同政党集合在汇聚着许多不同政策选择的“那些论坛”上。

贝拉克·奥巴马 2008 年的总统竞选活动也许是网络政治竞选活动最引人注目的例子之一。它有意维护支持者和管理团队之间的网络关系，而不是等级关系。换句话说，这个竞选活动的组织既是支持者之间的联系，也是支持者与竞选活动管理之间的联系。而且，竞选活动

利用数字媒介以各种成熟老练的方式维护这些关系。奥巴马的竞选活动被描述为"病毒性的",因为它依赖数字媒介和跨越各个社区的个人联系,从而迅速筹集捐款,并在选举日召集支持者。诸如脸书和 YouTube 等流行社 42
交媒介既是普通用户制作的内容网站,也是竞选活动亲和组织制作的内容网站。"我的贝拉克·奥巴马网站"(MyBarackObama.com)上就有使其支持者管理他们与邻居们联系的志愿者工作的工具。数据挖掘工作将志愿者的计算机日志与有关收入、捐款历史和投票可能性的其他信源结合起来。对于奥巴马团队来说,这些关系数据库使之能够以种种微妙的方式小范围播送并再造他的政治品牌,这样,大部分人就会发现,他所代表的大部分政治立场都有着某种相似之处。

图 3.1 说明了如何组织政治竞选活动中的关系的问题。奥巴马竞选活动组织的最高层是一个非常传统的、

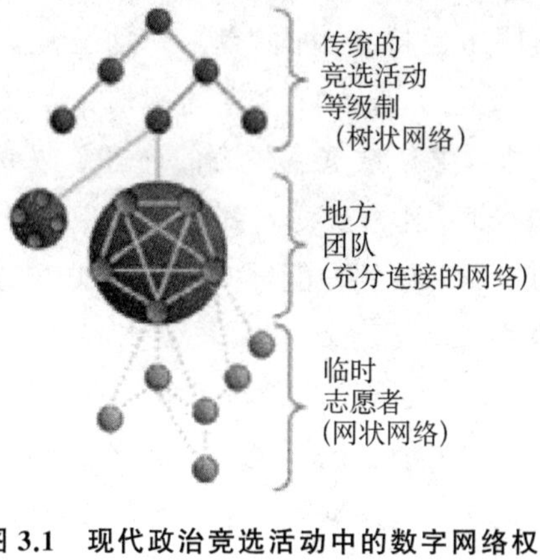

图 3.1　现代政治竞选活动中的数字网络权力

具有等级结构的团队：候选人、高级顾问、民意调查团队、筹款人。有些人在顶层，并且管理下面的人。在数字媒介之前，这个等级制的组织形式可以向下一直见于那些
43 特定社区中的志愿者的各个层次。例如，街区长负责动员他们的邻居，负责募捐并将那些捐款转交给上游链。但是，如同奥巴马的组织那样，网络竞选活动也培养了一个完全联通的地方管理者网络。竞选活动致力于增加志愿者自组织网络（ad hoc network）之间的联系。这样的做法增进了志愿者之间的团结。有时候，YouTube、Meetup.com、脸书、“我的贝拉克·奥巴马”网站（或十几个其他社交网站应用程序）使得竞选活动工作人员能够互相建立地方团队和网络志愿者，而有时候，这些工具恰恰使得竞选活动工作人员能够建立与业已存在的社区网络的联系。

并非每一次现代政治竞选活动看上去都会像2008年奥巴马的政治竞选活动那样。在其他类型的选举中，选民们对不同主题持有不同看法，并且经常认为投票具有挑战性，因为与候选人或政党的密切关系往往是部分因素。我们喜欢某个候选人代表的许多东西或某个政党纲领的许多方面，但并非喜欢其一切。卡斯特阐述了网络权力如何使得政治领袖能够开展不同类型的竞选活动的问题。这些网络竞选活动覆盖了人口中的一小部分人，他们会被候选人所代表的许多东西所吸引，但是也使得竞选活动管理者能够向不同的支持者子网发送略为不同的消息。这让竞选活动管理者们可以隐藏那些他们知道**不会**吸引特定的支持者子网的内容。

网络竞选活动的另一个优势是它能够让竞选活动管
理者成为新闻来源，并绕过传统新闻渠道。几十年来，诸
如澳大利亚、加拿大和英国等发达民主国家的政治领袖
不得不依赖国家新闻广播公司来向公众发布政治消息。
澳大利亚广播公司、加拿大广播公司和英国广播公司的 44
电视和无线电广播雇用专业记者和编辑来决定什么是新
闻、来解释政治事件以及向分布广泛的人口发送新闻内
容。在美国，美国广播公司(ABC)、哥伦比亚广播公司
(CBS)和全国广播公司(NBC)的晚间电视新闻主持人是
政治新闻与信息的经纪人。

但是今天，政治活动家利用互联网绕过媒介，快速而直接地发布他们的消息。有时候，他们只是为了在公众面前曝光并吸引传统新闻组织收集消息和图像。更为经常的是，政治活动家发展他们自己的媒介网络，以帮助将新闻受众与那些可能不会回应某个精心制作的消息的新闻组织相分离。越来越多的美国公民承认将基督教联盟、全国步枪协会或塞拉俱乐部(Sierra Club)等网站当作一种新闻过滤服务。“茶党”成员认为主流媒介对保守问题不公正，因此热心的志愿者们制作更紧密地代表团体价值的内容，这种内容通过“茶党”成员的紧密网络而得到传播。

在最近几乎所有的国家大选中——从美国、英国到马来西亚、俄罗斯，知名候选人都运用了脸书和“我的空间”(MySpace，又为“聚友”)个人文件，收集了其支持者的网络扩展链接，并为 YouTube 生成视频。叙利亚强人阿萨德有一个脸书页面，号称有 2,500 万个朋友。[1]他们在

线回答问题，雇用竞选活动的博客作者，并利用他们的网络获得财政捐助。在美国，奥巴马的总统竞选活动制定了特别好的社交网络策略。但这不仅仅是一个美国现象：智利、克罗地亚、乌克兰、斯里兰卡、希腊、哥伦比亚和巴西的选举，都有由在全国领先的候选人发起的著名网络竞选活动。

45 正如卡斯特所看到的那样，网络竞选活动并非没有风险（Castells，2007）。伴随家庭和朋友纽带而发生的事情可能是关于政治家的笑话，而不是高级职位候选人的实质性想法。而且，如果你是一个候选人，你的对手又能影响你的公众形象，那么，他们将处于有利的位置上，研究你的历史、监督你的行为，记录你在不同事件中的言语和手势，并追溯你从前关于某些重要问题的陈述。你的对手可以很容易地在 YouTube 上发表你的尴尬视频。他们甚至可以制作虚假的和丑闻性的故事与图像，将之有限地发布到选民的子网中，从而有助于激起对你的反对意见。因此，如同斯特莫-加莱（Stromer-Galley）所发现的那样，由于存在着对话和消息失控的危险，许多竞选活动管理者都不喜欢使用新的媒介技术（Stromer-Galley，2000）。

媒介网络

卡斯特论证说，新闻集团首席执行官鲁珀特·默多克是个人如何能够掌管网络权力的绝妙例子（Arsenault and Castells，2008a）。作为一个庞大的全球媒介帝国首席执行官，默多克成功地控制了不同企业、媒介和政治网络之间的连接点或节点。默多克已成为政治利益的经纪人，成功地利用了舆论，并且制作煽情的媒介内容，后者能够激活特定的、志趣相投的公民网络。通过定制媒介内容和使媒体控股多元化，默多克已经能够围绕技术的和监管的变革而开展工作，并且将内容发布到媒介消费者的子网中。“新闻集团帝国横跨五大洲”，卡斯特发现，
“波及世界约75%的人口，资产总额约680亿美元，年收入 46
约280亿美元”(Arsenault and Castells,2008b:491)。

新闻集团控制着许多内容生产和分发的网络，从电视、广播、电影和报纸，到图书和数字媒介。它有一个资金充足的、经验丰富的游说团队，并向全世界的著名政治候选人捐助了数百万美元，其中有些候选人[如约翰·麦凯恩(John McCain)、阿尔·戈尔(Al Gore)、阿诺德·施瓦辛格(Arnold Schwarzenegger)和托尼·布莱尔(Tony Blair)]在公司务虚会上发言，有些政治领导人在电信监管委员会中任职。如同卡斯特所揭示的那样，诸如美国国会议员爱德华·马基[Ed Markey(D-MA)]等政治领导人，是《1996年电信法》的重要支持者，而这个立法允许新闻集团将20世纪福克斯公司、《电视指南》和哈珀·柯林斯整合为媒体资产。其他对电信监管具有影响的政治领导人则被提供给数百万美元的图书出版交易。凭借与美国联邦通信委员会(Federal Communications Commission, FCC)成员密切的私人关系，澳大利亚传媒大亨默多克掌管着唯一的永久获得外国所有权限制豁免的广播网络(Arsenault and Castells,2008b)。

有趣的是，政治家们之所以想参与新闻集团媒介帝国，是因为人们普遍认为：默多克的媒介资产对于舆论有着巨大的影响。就特定媒介资产影响选民行为的程度问题而言，政治传播学者中存在着某种争议。不过，美国有证据表明，福克斯的受众位于消息最不灵通的受众之列，也位于最有可能投共和党选票的受众之列（Project for Excellence in Journalism，2007）。这意味着新闻集团以及默多克本人是政治家网络、选民网络和内容制作者网络之间的重要经纪人。

47 2007年，新闻集团在一次进入社交网络应用程序市场的竞标中，获得“我的空间”网站。相对于脸书，“我的空间”已经衰落（就像相对于“我的空间”，交友网站 Friendster 曾经衰落一样）。但是，作为如此经常地被数字化、以便在线分发的印刷和广播内容的来源，新闻集团仍然是世界上最大和范围最广泛的媒介网络之一。的确，作为网络社会的权力来源，它因为选择了交叉使用多种新闻格式的头条报道，而在确定世界的面貌方面发挥着某种作用。晚间电视新闻上播出的东西通过信息流（content feeds）传递并推送到你的手机上。

新闻集团是权力在媒介网络上得以实施的例子之一。就收入而言，新闻集团位于沃尔特·迪士尼公司和时代华纳（2009年分别是360亿美元和250亿美元）之后。谷歌和微软（分别是240亿美元和620亿美元）怎么会不是媒介集团呢？我们中的许多人几乎每天都依靠这些组织的力量来管理我们的信息，谷歌和微软也都是从它们控制不同硬件、软件和内容的各种方式中获利的。

作为公司，它们的投资策略也许看起来非常不同，但整体上，它们都是从提供有趣的内容和用于生产、分发和消费内容的基础设施中获利。在执行技术标准和服务于其企业需要的知识产权法方面，这些公司都非常擅长于突显它们的政治权力。[2]

图 3.2 是一幅网络地图，来自关于哪些人在公司董事会任职的记录，而这些公司的股票在美国是公开交易的。每年，这些公司必须向“证券交易公司”提交记录，这样就有可能看到一些人如何成为公司间的重要纽带。这幅图并不 *49*
是要揭示诸如沃尔特·迪士尼、维亚康姆或时代华纳那样的企业位于美国企业网络的中心。在更准确的意义上，它揭示了，少数人在某种高层次上把这些媒介帝国连接在一起，因此这些董事会成员中的许多人都与其他大公司有关联。

在卡斯特看来，媒介集团是利益网络组织和网络权力的例子。好莱坞提供了另一种例子，它既是文化偶像网络如何紧密相连的例子，也是网络如何得以建构的例子。“贝肯的神谕”衡量任何演员与凯文·贝肯（Kevin Bacon）之间的距离，也就是弱纽带的数量。[3]这并不意味着凯文·贝肯是好莱坞影城的中心。相反，它通过其电影角色的演出资格来提供演员之间关联的简单平均数。例如，希亚·拉博夫（Shia LaBeouf）的“贝肯数”（Bacon Number）是 2：他在电影《康斯坦丁》（*Constantine*，2005）中与杰曼·汉苏（Djimon Hounsou）合作，而后者在《美容店》（*Beauty Shop*，2005）中与凯文·贝肯合作。“贝肯数”背后的概念是：每一个好莱坞演员——或至少那些被列入“互联网电影数据库”（Internet Movie Database，IMDB）

48

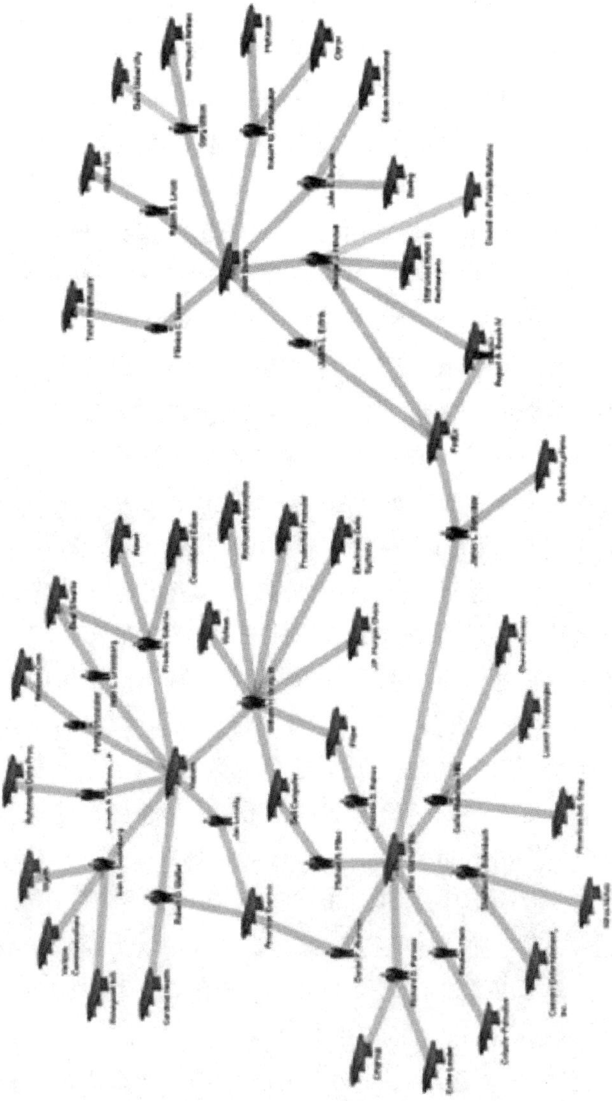

图 3.2 媒介公司之间的网络关系，通过董事会成员之间的关联而形成

的演员——都可以根据他们与凯文·贝肯的纽带的强度而得到评估。

会有少数演员具有与凯文·贝肯的直接纽带，并与之出演同一部电影。更多的人与他之间只有弱纽带。而且，有些演员还会比其他演员更处于这个网络的中心。尽管丹尼斯·霍珀(Dennis Hopper)在2010年去世了，但他仍位居好莱坞影城“最中心”的位置，因为每一个演员平均都离他2.7步远。霍珀之所以如此中心，在于他有一个既演过好电影也演过糟糕电影的漫长生涯，他还主演过许多具有庞大演员阵容的类型电影。这些各种各样的网络纽带可以见于新闻记者、网络公司员工和其他媒介产业之中。网络纽带并非是媒介产业中独一无二的现 50
象，但由于媒介在我们公共领域中的重要性，也出于如此之多的媒介工作涉及临时的网络化团队这一事实，所以它们更加明显。[4]

研究媒介网络可能意味着思考媒介集团掌管各种特殊形式之权力的方式，而这些集团又正是凭借其对于文化生产和分发的核心地位维护着种种权力。它也可能意味着观察网络如何通过使用诸如IMDB那样的关系数据库而被建构起来。一个研究者可以通过许多方法来研究好莱坞的文化生产，但网络视角揭示出了有关演员之间关系中的权力与结构的特定问题。

符码与文化生产的政治

对于像默多克那样的人所掌握的媒介权力，存在着几种发起挑战的方式。从定义上看,媒介网络有可能服务于少数人,这些人是许多关系的经纪人。因此,在网络社会,个人或许具有两种抵抗权力的形式:一是将内容重新分发到他们自己的家人和朋友网络之中的权力;二是创造他们自己的内容的权力,而他们可以在不使用传统版权法的一系列保护条款的情况下,选择分发这些内容。

作为卡斯特的指导老师之一,尼科斯·普兰查斯(Nicos Poulantzas)写道,社会运动"表现出一种特殊的反国家主义,并在大批涌现的自我管理中心[self-management centres(原文如此)]和群众直接参与决策——这些决策会对他们产生影响——的网络中表达自己"(Poulantzas and Castells,2001:246)。在一个重要的方面,卡斯特继续像他的老师那样使用网络权力的概念。数字媒介之所
51 以发挥作用,是因为符码将文化生产的手段大大地去中心化了,因而使得自我生成的网络能够共享内容,并藐视有关内容权利的国家法律。对于卡斯特来说,就支持那些在政治进程中寻求更多影响力的社会运动而言,数字媒介是特别好的信息基础设施。

根据"皮尤互联网和美国生活项目"的调查,截至2005年,美国69%的互联网用户——3,600万美国公民——使用互联网下载了音乐或视频内容。上述人口中约一半人使用点对点网络(peer-to-peer networks)或在线付费服务来共享他们的文件。而自从那个研究完成以来,采用如此做法的人的比例确实增加了(Pew Internet and American Life Project,2005)。许多通过点对点网络共享内容的人都属于最年轻的互联网用户。他们认为,

业界起诉其用户的反应暴露出这些行业缺乏对于网络社会的理解,也无法过渡到新的商业模式。

但是,重新分发内容的政治活动可能采取许多形式。在意大利,诸如奥菲欧电台(Tele Orfeo)等盗版电台和街头电视通过点对点网络获得音频和视频信息流。西尔维奥·贝卢斯科尼(Silvio Berlusconi)在担任意大利总理时,如此成功地既管理了他私人持有的媒介资产,也管理了公共广播公司,以至于政治反对派的最名副其实的独立来源可以在线上找到。巴黎有杜鹃电视台(Zalea TV),巴塞罗那有 Okepum les Ones,布宜诺斯艾利斯有 Piquetera 电视台,而西雅图有自己的西雅图无线社区。诸如此类的项目不一定违反版权法,但可能会在相互竞争的知识产权制度下积极创作内容。包括卡斯特和吉雷斯比(Gillespie)在内的几位学者阐述了媒介集团利用政治家来制定保护知识产权的法律这种奇特的、不一致的和矛盾的方式(Gillespie,2009)。因此,伴随着将内容重新分发给家人和朋友网络的行为,个人在无须购买传统 52
知识产权符码的情况下,获得了制作内容和分发内容的权力。

在《融合文化》(*Convergence Culture*)中,亨利·詹金斯(Henry Jenkins)探讨了文化在数字网络中得以制作的新的不同的方式。他使用了更有创意的术语来描述被卡斯特认为是“一个非常政治化的过程”。按照詹金斯的观点,当代文化生产的独特之处在于:无论是精明老练的媒介艺术家,还是普通消费者都通过以下方式知道了文化是如何运作的:将之分解成最基本的建筑材料,然后创造性地重新建设它(Jenkins,2006)。这样就使得图像、思想和叙事能够流经多种媒介渠道得以传播。借助于基本消费类电子产品,数字内容能够很容易地得到归档、标注、挪用和再循环。虽然这确实是一个创造性的过程,但当主要媒介利益集团努力过度扩展它们的版权主张时,做这些事情就成了一种政治行为。

莱西格(Lessig)更深入地探讨了软件符码和法律之间的关系。他表明,尽管历史上充满了艺术大师如何把老作品重新改造成新作品的例子,但今天的文化产业已经成功地利用版权法来保护其知识产权,并惩罚衍生作品的艺术家(Lessig,2004)。这意味着制作免费文化或支持知识共享许可协议(creative commons licenses)是抵制网络权力的方式。[5]

的确,还存在反对精英企业、政治和文化利益集团的网络权力的其他方式。反全球化运动(anti-globalization movement)能够更好地从全世界吸引新成员,也能够更好地动员其同情者支持从经济抵制到街头抗议的一切活动。独立媒体运动(Indymedia movement)使用了廉价的
53 消费类电子产品来记录社会不公,而且经常是实时记录。在网络社会,要成为一个行动者需要一套独特的技能、工具和战术,而卡斯特已经表明,从韩国、菲律宾、泰国、尼泊尔到厄瓜多尔、乌克兰或法国的社会运动,无论是新近发生的还是已获得新成功的,都是由于它们对于信息技术的成熟老练的运用(Castells,2010)。

他甚至论证说,这些新赋权的网络行动者已经从政治领导人那里夺走了高层职位。2004 年 3 月,借助手机

而实现的西班牙青年自发动员，将阿斯纳尔(Aznar)首相拉下了台，因为后者狡猾地企图操纵关于马德里大屠杀的舆论。卡斯特指出，这不是技术的效果，“而是网络技术以值得信赖的方式横向传播信息的能力，而这些信息会与公众意识产生共鸣”(Castells，2007：251)。不过，也正是在这一点上，卡斯特受到了某种批评。比起草根行动者，政治精英毕竟似乎更擅长使用各种技术，政治过程也是如此复杂，以至于可能难以真正确定一位杰出的政治领袖是否因其数字媒介策略而获胜。

隐私与数据挖掘

与劳伦斯·莱西格一样，卡斯特也论证说，政治权力曾经存在于国家对人身的暴力威胁之中，但现在则存在于它对传播条款和条件的权威之中。或许，莱西格在这里做了进一步的论证，因为他令人信服地证明了消费类电子产品的技术代码和公共信息基础设施已成为统治和监控公民手段的各种方式(Lessig，2006)。**隐私是一种权力，以控制他人对你的情况的了解，而他人可能使用数字** 54 **媒介或是通过监控你的行为，或是通过搜索关于你的信息而了解你。**卡斯特和莱西格都赞同这样的观点：现实世界不仅仅是线下发生的事情。非互联网用户容易受到隐私侵犯，因为有关他们的数字信息被其他在线的人和组织所掌握。

许多因素导致了 2004 年西班牙首相阿斯纳尔的选举失败，就像 2008 年许多原因促成奥巴马赢得了美国总统选举一样。很难说是互联网或手机策略导致了这些政治结果，对于这些结果肯定还有更加明显和直接的原因。卡斯特论证说，虽然政府越来越不容易隐藏或操纵信息——因为诸如此类的操纵立即就会被公民行动者的网络所发现，不过政府还是有各种新方法来搜集关于民众的大量信息，而我们已经发现了的某些令人印象深刻的政府操纵的事实，并不意味着精英操纵的减少。在这些操纵中，或许最糟糕的是布什总统领导下的美国政府针对伊拉克战争的错误情报和主动策略了。

但是在新近加强安全措施的美国，网络技术对监控美国公民的态度和行为发挥着关键作用。进而，商业数据挖掘产业更加成熟了，它建立了复杂的关系数据库，通过来自信用卡、病历和税务记录的大量数据库，能够对个人的态度和行为进行强有力的干预。这意味着：在违反被大多数人所认为的隐私规范方面，公司和政府的监控能力一如既往。

关于政治生活的网络视角

55 关于政治生活的网络视角有助于我们解释许多当代政治人物的名望，诸如默多克、奥巴马和贝卢斯科尼，也有助于解释我们在许多国家选举期的所见所闻。杰出的政治人物揭示了谁是他们的支持者，而获胜的政治家往往拥有一个令人印象深刻的、由公司和个人捐助者组成的网络。备受瞩目的政治领导人如果没有赢得其竞选职位，便会退居跨国公司董事会的高薪职位。[6]

2008年，美国总统奥巴马为入主白宫发起了一项新的竞选活动策略。奥巴马让他的支持者在线发布政治内容，让这些支持者的社交网络参与政治对话、共享多媒体内容、订阅竞选活动更新和信息流（news feeds）、捐助资金以及提供在线志愿服务。在这些方面，奥巴马的志愿者的作为大大超过了麦凯恩的志愿者（Pew Internet and American Life Project，2008）。

长期担任意大利总理的布卢斯克尼也证明了自己是网络权力的大师：他或是通过私人所有权，或是通过政治管理，有效地控制了90%的国家电视广播；他修改了诉讼时效法，以防止人们提出关于政治和法律操纵的指控；他还肆意追踪那些研究和公开他的交易的新闻记者。意大利的政治斗争过去常常涉及政党和公共场所的抗议示威，然而今天，政治斗争主要见于媒介。在其他发达民主国家，诸如加拿大、澳大利亚和英国，也容易看到媒介权力的影响。对于我们中的那些对政治传播感兴趣的人来说，研究当代形式的行动主义（activism）已经成了特别困 56
难的事情，因为许多容易被视为正式结果的东西——例如选民投票率或与某个政党的联系——都处于历史最低点。人们对于政府或特定的政治人物或许不那么信任了，但他们仍然对公民生活持有看法和兴趣。关于政治生活的网络视角我们必须考虑到，被视为政治的事情也许更多地与生活方式的选择和消费者行动主义有关，也许看起来不像是正式的政治行为。

例如，卡斯特在他自己的加泰罗尼亚（Catalan）社区研究中发现：虽然只有1%的调查对象参与了政党活动，但超过50%的调查对象不相信政党或政府；超过33%的调查对象参与了其他各种不同的协会和运动；而超过70%的调查对象相信他们通过自己的社会动员，能够“影响世界”(Castells et al.,2003)。而且，他发现了涉及新技术采纳的一个独特的因果系列。拥有个人自主的、专业的、政治的或传播的项目的年轻加泰罗尼亚人，更有可能积极地使用互联网。他们越是使用互联网，在关于政治和媒介机构方面就变得越是自主。

注释：

123 [1]如果你对叙利亚统治者的脸书页面感兴趣，参见 http://www.facebook.com/pages/Dr-Bashar-AlAssad-d-bshar-alasd/56730314485? ref=search.

[2]如果你对媒介所有权的最新信息感兴趣，可浏览“媒介项目状况”数据库：http://www.stateofthemedia.org/2010/media-ownership/.

[3]要找到其他演员的“贝肯数”，要评估一个演员与肖恩·康纳利的链接，或要了解其他演员如何成为好莱坞影城的耀眼中心，参见 http://oracle ofbacon.org.

[4]想要看到关于电影场景中的社交网络的有趣描述，参见贝奇(Bechky,2006)。

[5]要把你自己的形象嵌入奥巴马2008年总统竞选活动的铺天盖地的海报中，参见 http://obami conme.pastemagazine.com.

[6]美国读者也许对使用由“政治反应中心”(the Center for
124 Responsive Politics)(www.opensecrets.org)提供的来源感兴趣，从而寻找可能涉及他们自己的政治代表人的权力网络。同样，TheyRule.net 对于分析大公司董事会——那些经常聘用前政治家的董事会——的网络结构来说，也是一个有用的工具。

文化是一个难以定义的东西。它 57
包括奇异的社会习俗，它存在于特定的人工制品之中，它也包括有目的地建造起来，以便传播那些习俗的媒介。对于卡斯特来说，网络视角使得关于文化生产的几种见解成为可能。“因为文化是通过传播来调节和实施的，所以文化本身——我们经由历史产生的信仰和符码系统——已经被新技术系统根本地改变了，而且随着时间的推移将会更加如此。”（Castells，1996：357）文化可能包括规范和符号，但是物质文化可以在食物、绘画和数字媒介中有某种非常具体的形式。

什么是文化？**从网络视角来看，文化是生产、消费、权力和体验之间的关系，以及支持这些关系的信息基础设施。**许多思想家实际上是根据技术来定义文化，并根据文化来定义技术的，卡斯特也是其中之一。在很大程度上，他关于文化的工作定义 58
（working definition）是由克劳德·费舍尔（Claude Fischer）的“物质文化”（material culture）概念所构成的。在费舍尔的《美国的呼唤》（*America Calling*）一书中，物质文化是指我们用以生活的工具，也是我们得以在其中生活的条件(Fischer，1994)。在他看来，电话是20世纪早期发生的社会转型的功能性和象征性中心，一种改变我们生活方式的传播工具。如果我们像卡斯特那样，接受物质文化在社会变革中具有某种作用，并体现了社会变革的观点，那么，数字媒介也许就是今天社会转型的功能性和象征性中心。

新的媒介技术如何转变文化？数字媒介克服了时间和空间的滞后，而这种滞后曾经减缓文化生产和消费，并使它们在地域上划分开来。社会互动从时间限制和地理负担中获得解放，由此便创造了一种“流动空间”(space of flows)，而我们在那里，看到了网络社会的大量文化生产和消费。“流动空间”概念将在第五章“流动空间和无时间的时间”(pp.83-86)这一节中加以讨论。在前面的章节中，距离的消失和传播的共时性对我们管理企业和从事政治活动的方式具有明显的影响。当流动空间进入文化生产和消费时，它也是非常独特的。[1]或许最实实在在的转型已经发生在文化产业的组织之中了。

文化产业的转型

为了回应新的信息与传播技术，时装、电影和电子游戏等许多文化产业，已经不得不进行彻底的重组。电视
59 和音乐等文化内容的生产和消费方式转型是特殊的。卡斯特论证说，一方面，文化产业越来越集中于媒介集团，例如新闻集团、贝塔斯曼和时代华纳。少数公司拥有大

量媒介资产，因而能够采取多种广播和印刷格式生产和分发内容。另一方面，文化产业制作多格式的(multi-format)内容，这使文化产品的可比性变得非常复杂。

截至 2008 年，比起许多好莱坞电影，最畅销的电子游戏创造了更好的收益。任何种类的娱乐产品的首日收益记录都会出现电子游戏《光环 3》(*Halo 3*)[1]，它在 2007 年赚了 1.7 亿美元。同年，《蜘蛛侠 3》(*Spiderman 3*)面市第一天就赚了 5,900 万美元。不过，加上国际销售和长期销售来看，《蜘蛛侠 3》的总收入是 8.9 亿美元，而《光环 3》的总收入是 3.89 亿美元。一部更新的电影《阿凡达》(*Avatar*)已经赚了 27 亿美元。作为一个文化产品，《阿凡达》大量使用由电子游戏产业开发的数字化技术，并以将对其他文化产业产生重要影响的方式推进了数字艺术。电影为电子游戏创造了叙事，电子游戏的生产工具改进了电影的特殊效果。基于消费者体验一个故事的形式来区分当代文化产品，这样是否还有意义呢？

这些企业的成功还是取决于它们细分媒介市场、向不同社区提供特殊类型的文化内容的能力。因此，虽然文化产业已经变成寡头垄断，但它们必须定制其内容的分发，必须在雇佣艺术家进行创作、销售人员从事销售、基础设施予以传递的意义上得到垂直整合。如同迪士尼或皮克斯(Pixar)证明的那样，品牌内容(branded content)特别重要，因为此类内容很容易在平台之间进行转换，而且对于消费者来说仍然是可辨识的。《蝙蝠侠》 *60*

---

① 译者注：又为《光晕》。

毕竟可以为玩具、电影、电子游戏、卡通和漫画书籍市场都带来收益。当面对《花花公子》发行量的快速下滑(从20世纪70年代的700万下滑到2010年的150万)时，休·海夫纳(Hugh Hefner)回应说:“起初是杂志承载着品牌，现在是品牌承载着杂志。”(Solomon,2010)

由于数字媒介使内容能够跨越多种平台，所以它对于文化产业的大玩家们来说，就有了通过伙伴关系和投资来进行合作的意义。内容拥有者想要看到他们的素材通过手机和电影院传送到人们那里;基础设施拥有者想要通过尽可能地控制分发渠道来获利。正如卡斯特和许多其他媒介研究者所指出的那样，结果就是产业整合与技术融合。

在图4.1中，阿瑟诺(Arsenault)和卡斯特展示了媒介公司之间的某些重要关系(Arsenault and Castells,

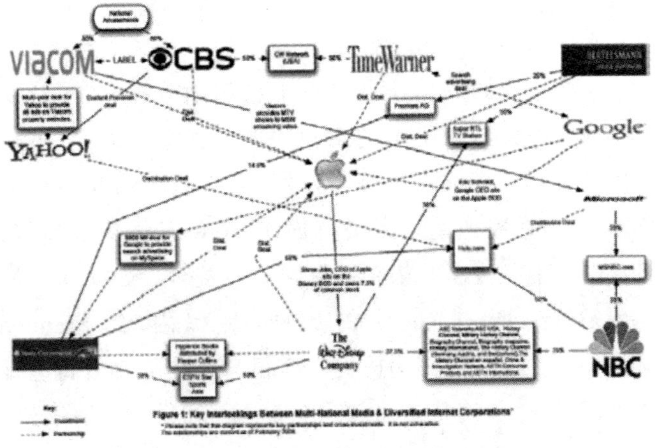

61 **图4.1** 媒介公司之间的网络关系，通过所有权和内容分发的链接而形成

2008a)。自该图 2008 年发表以来,其中有些关系已经分解了,而其他关系则加深了。还有,虽然这幅图揭示了伙伴关系和交叉投资的强链接,但它却没有展现那些随着文化生产的消长而形成的暂时的和短期的关系。例如,我们也许把《钢铁侠 2》(*Iron Man* 2)主要看作是一部电影。但是,其中的许多组织会临时卷入一个关系网络,以便在线推广这部电影:通过游戏机分发电影预告片,在搜索引擎上做广告,制作电子游戏,协调在同一个发行日向多少影院进行国际分销。

或许现代文化产业的一个极大讽刺是:将内容狭窄
地分发给细分市场的压力,恰是通过公司整合而得到最 62
好缓解的。换句话说,对于在特殊媒介平台上向一小批
用户分发特定内容的工作来说,大型网络化的分发渠道
实际上是更有效的渠道。

尽管有这些令人印象深刻的协调层面,有些文化产业却似乎濒临破产。通讯社正在努力寻找将新闻和利润打包的方式,而来自 YouTube 的文化模因(cultural memes)则进入电子游戏、电影和商业。[2] **模因是有传染性的思想,它们彼此竞争,以获得关注和长久性。正如基因是生命的基本组成部分那样,模因是文化的最小组成部分。**内容聚合器(content aggregators)、镜像站点(mirroring sites)和点对点共享网络(peer-to-peer sharing networks)模糊了文化价值的制作者和消费者之间的区别。本章将互联网之前的传统的、等级制的文化生产方式与现在的文化生产运作方式做一比较。但是要理解数字媒介对于文化的影响,我们必须首先理解数字

媒介文化(digital media culture)的独特性。成千上万的人在成千上万个屏幕上全球同步观看一部现代好莱坞大片(blockbuster film),这就是文化流动空间如何通过数字媒介以惊人的方式得到协调的一个很好的例子。

数字媒介文化

卡斯特最热衷于解释这样一幅大图景:我们生产和消费文化的结构性变化。这些生产和消费结构支撑着各种特殊的文化内容。此类内容不一定源于网络社会。例如,尽管《蜘蛛侠》漫画早在互联网出现之前就已经制作
63 和发行了,今天的孩子们获得了各种形式的《蜘蛛侠》的内容,这些内容由极为不同的各种文化产业制作出来。以前卫和不敬的(edgy and irreverent)《石头城乐园》(*Flintstones*)[①]来娱乐成人的产业组织,不同于以前卫和不敬的《恶搞之家》(*Family Guy*)来娱乐成人的产业组织。但是,与文化产业的这些大规模变化同样重要的是为信息社会所独有的四种特殊文化。

> 互联网文化是由相信人类通过技术而进步的技术专家治国论的信念(technocratic belief)构成的,是由依靠自由开放的技术创造力而蓬勃发展的黑客社区制定的,这种文化被嵌入旨在重塑社会的虚拟网络之中,并由受金钱驱动

① 译者注:又译《摩登原始人》。

的企业家物化到新经济的运行之中。(Castells, 2001:61)

信息社会的第一种特定文化是技术精英(techno-meritocracy)文化,它是由大多数互联网先驱所共享的。许多设计数字媒介的硬件和软件的大人物都遵循与学术界类似的规范。像大部分科学家一样,计算机科学家重视对新知识的追求,珍惜他们在推进集体项目中的作用。最高的回报不是金钱,而是来自同行的赞赏。虽然信息基础设施是用军事开支购买和支付的,但许多设计信息基础设施的人并不是军人。他们崇尚清晰的代码,信奉共享,并参与了各种集体项目。

今天,这种技术精英文化仍然存在。维基百科代表着成千上万志愿者的集体知识和写作技能。这些志愿者努力工作以改进维基百科的内容。开源运动(open source movement)继续产生技术标准,并提供不受数字 *64*
版权管理限制的软件。这些程序员改进了服务器的阿帕奇(Apache)软件,改进了计算机 Ubuntu 软件,并为个人用户改进了 OpenOffice 应用程序。

信息社会的第二种特定文化是黑客(hackers)文化。正如互联网先驱者将建设信息技术视为一种创造性挑战,黑客也享受拆分和重组信息技术的乐趣。他们寻找尚未开发的应用程序和设计的弱点。它们受到主流新闻媒体和大公司的诽谤,但是“黑客伦理”并不宽恕犯罪行为。相反,黑客更适合被看作修补匠和业余爱好者。当你买了一辆车,难道你不可以使它个性化、探索它的工作原理并做些什么来改善它的性能？当你买了一台计算机，难道你不可以使它个性化、探索它的工作原理并做些什么来改善它的性能？如果 Linksys 路由器附带了没有充分利用硬件的固件，那么，黑客就将帮助找到用软件闪存的方法，以便让用户从其购买的设备中获得更多的东西。

黑客喜欢独立于大型技术公司之外，他们抵制将自己的工作定义为犯罪的企图，或通过某些技术现在附带的不公平的“用户协议”来限制他们的企图。与技术精英的互联网先驱者一样，黑客斗士拥护开放软件，有时候还通过向公司展示安全漏洞的方式来帮助改进产品设计。他们的确突破了用户协议的界限，有时也的确突破了法律的界限。如果你拥有一个无线网络接入点，并决定让它能够被公开访问，那你不就有权监控使用你的设备的流量包了吗？黑客文化信奉信息自由，并对媒介权力的集中深感遗憾。

65 卡斯特认为，虚拟社区（virtual communities）是信息社会特有的第三种文化。**虚拟社区是由个人组成的分布式网络，这些个人拥有共同的兴趣，提供相互支持，具有特定的、由集体商定的成套的互动规范、规则和模式。**的确，根据定义，虚拟文化是那些仅以在线为其社会化方式的群体。自互联网诞生以来，围绕游戏、艺术、娱乐、政治和业余爱好而形成了各种社区。大型多玩家在线游戏吸引了数百万用户加入同业公会（guilds），他们生活在另外的世界，并在数字媒介上互动。有时候，诸如此类社区有线下的互动，但是政治聊天室和约会论坛提供了一个强大的虚拟社区。正如卡斯特指出的那样，尽管这样的社区是虚拟的，但这并不意味着它们是不真实的。

数字文化研究的一位先驱是霍华德·莱茵戈德(Howard Rheingold)，他的著作《虚拟社区》(*The Virtual Community*)和《聪明暴民》(*Smart Mobs*)令人信服地论证说，数字媒介非常支持丰富的社会互动形式(Rheingold，2000，2002)。第一本书是一部重要的、近乎民族志的著作，它探讨了社区规范如何在首批互联网论坛中发展起来。第二本书扩展了下述论点：此类在线社区是重要而独特的文化，可以说，它们有着巨大的集体行动潜力。这两部著作使得包括卡斯特在内的许多人相信，数字媒介以各种有趣的方式支持和扩展社区。

维基百科既是技术精英社区的一个范例，也是虚拟社区的一个范例。尽管许多人为维基百科提供内容，但正是社区成员中的少部分人做了坚持质量控制的重要工作。维基百科成员监控条目，谨防来自公司和政府的垃圾邮件或政治干扰。他们确保条目中列出的教授在公众 66
心目中具有重要地位。其他虚拟社区围绕游戏或产品而形成。《魔兽世界》(*World of Warcraft*)是一个大型多玩家在线游戏，拥有 1,200 万用户。咖啡爱好者在 YouTube 上评论最新的家用浓缩咖啡机。当人们在生命历程中遇到了重大转变时，或当人们处于生活困难时期，他们就加入虚拟社区。犯罪行为或上瘾行为的受害者与其他遭受痛苦的人交流。年轻男女讨论爱情在包办婚姻文化中的意义。借助这些共同的兴趣和数字网络，人们往往发现，他们以某种与特定团体使命并无直接关联的方式为社会提供支持，并得到社会的支持。正是这一点使虚拟社区特别有活力。

信息社会的第四种特定文化是数字企业家（the digital entrepreneur）文化。这些人通过将互联网商业化而改变了商业惯例。企业家文化将曾经连接大学和军事装备的基础设施，变成了我们家里、工作中或口袋里的媒介。围绕那些创造财富又失去财富的、为我们提供数字媒介的人，人格崇拜发展起来；企业也经常抬高它们那些喜欢恶作剧却又富有远见的创始人的形象。

没有比尔·盖茨，就没有微软的故事；没有史蒂夫·乔布斯，就没有苹果的故事。即便在网络泡沫破灭导致许多企业项目终结之后，马克·扎克伯格（Mark Zuckerberg）还是脸书公司神话的一个重要组成部分，谢尔盖·布林（Sergey Brinis）也还是谷歌公司神话的一个重要组成部分。这种企业家文化有时候与其他三种文化相重合，有时候又与之相冲突。这些令人振奋的先行者中的许多人都在上大学时从事技术研发，都作为黑客而
67 涉猎浅尝，也都参加了志趣相投的计算机科学家的虚拟社区。但是由于他们渴望使技术商业化，他们又相信专利和专有思想更有利于技术的普及。企业家们认为，建立网络社会的途径是公司，而这些公司可以通过生产新型商业电子产品而获利。

这四种文化——技术精英文化、黑客文化、虚拟社区文化和数字企业家文化，既建立了信息社会，也是互联网的文化。但卡斯特不仅认为数字媒介具有独特的文化，而且最终论证说：数字媒介已经改变了整个文化产业，甚

至改变了我们构成认同(identity)的方式。

社交网络与文化生产

卡斯特告诉我们,数字媒介提高了我们管理自我认同的能力,但是作为一种结果,我们是在社交网络的语境下这样做的。因此,虽然我们可以选择把视频上传到YouTube、维护博客,或使在线档案个性化,但所有这类文化生产都是为我们的社交网络而准备的。我们使用的许多技术和我们创造的许多数字工件,都是有目的地为我们的朋友、家庭和工作搭档的网络而建造的。就像卡斯特所说的那样,文化不仅仅是规范、价值和行为模式,它在信息技术中具有某种具体的形式。

数字媒介支持不同大小和类型的网络。网络社会是由我们自己与家庭、朋友和工作搭档的私人关系而构建的,它也是由并非地理上彼此相近的地方之间的纽带构成的。如果借助于船只,伦敦和纽约之间的传播需要几个星期,借助于邮政则需要几天,而通过宽带连接,发送 68
电子邮件或上传文件到互联网只需要几秒钟。对于社会来说,这是一种时间尺度:它如此之小,以至于几乎是瞬间的。所以网络社会也是由全球城市构成的。并非多伦多、布宜诺斯艾利斯或马德里的所有地方都是全球化的,这些城市的大部分地方都是非常地方化的。但是这些城市的某些部分如此紧密地与世界各地的其他空间相连接,而在物理上相近的邻里地区在社交上反倒是遥远的。比起多伦多的一些比较贫穷的邻近地区,多伦多中上流社会的布洛尔西村也许与布宜诺斯艾利斯的雷科莱塔或悉尼的双湾有更多的共同之处。

诸如视频游戏、音乐和电影等文化产品越来越跨越媒介得到转化。我们仍称之为“电视节目”的生产被流式传输到计算机和手机、广播电视或有线电视电缆以及电子游戏机。《摇滚 30》[①]是什么“节目”？目前，用来表示由广播网络（如全国广播公司）制作的文化内容的标签很少了——这种内容可以在多个平台[如微软游戏机（Xbox）]上分发，或是在乘公共汽车时（在手机上）观看。我们可能无法确定是否可以称《摇滚 30》为一个电视节目，但是要说数字媒介使得这种文化内容的创作、分发和消费成为可能，我们还是有把握的。

不过，受众也是不同的。大众媒介作为一个术语是有意义的，因为大量的人观看同样的电视节目，阅读同样的报纸，去看同样的电影。从文化产业的观点来看，受众是同一的、无个性的，能够通过几种不同的媒介被触及。报纸和杂志包含文本内容，广播传送音频内容，电视和电影有其自身的独特属性。今天，文本以印刷和数字的形
69 式出现，视频见于电视、计算机屏幕和手机，而电影采取了电影胶片、数字视频光盘和点对点共享网络文件的形式。

文化产品具有被包括卡斯特在内的许多学者称之为超文本（hypertext）的各种形式。**这是使得社会标签（social tagging）和创造与其他数字工件的链接模式成为**

---

① 译者注：*30 Rock*，又称《我为喜剧狂》。

可能的“元信息”(meta-information),也是围绕文化产品建立小型社区的一种方式。哪有时尚设计者不希望年轻女性通过 YouTube 上的“好物影片”(haul videos)来推广他们的商品呢?当受众与诸如电视剧《萤火虫》(*Firefly*)中的演员发生互动时,他们就被拉进了一个社区,以至于能够通过参与故事创作和在他们自己的网络上推广这个节目而共同制作这部电视剧。[3]卡斯特指出,大部分文化表达都被封装在一个象征性的超文本之中,这个超文本使得制作者可以通过各种技术向“窄受众”分发产品。事实上,通过社交网络而不是大众媒介的广告来传递文化产品,有助于创造新形式的文化认同。

中介化的与多重的认同

在网络社会之前,(美国和欧洲的)主要认同类别包括:种族、性别、宗教、阶层和民族。当然,人们总是具有多重认同。但是,当国家采集人口普查数据时,它们只是询问这些类别;销售部门为商品做广告,文化产业创作内容,也是建立在评估这些类别的基础上的;政治家们摆弄这些类别;社会科学家们收集关于这些类别的数据。

数字媒介大大增加了个人对文化生产和消费的控
制。在许多重要方面,我们可以通过软件设置而建立我 70
们自己的文化过滤器。我们也能够选择为哪怕是最小的亲和社区(affinity communities)开发文化产品。即使当亚马逊网站向我们推荐图书,或网飞公司向我们推荐电影时,文化流(the cultural feed)与其说是基于人口统计的假设，不如说是基于对我们所喜爱的其他内容的了解。

我们可以更简单地将消费认同称为“粉丝圈”(fandom)，这些认同自文化商品生产之时，就一直存在。《星际迷航》的粉丝们早在能够进入互联网之前就已经对其内容着迷了。不过，只有借助数字媒介，粉丝们才能够制作业余视频，以完成“联邦星舰进取号”(USS Enterprise)的5年使命。[4]在网络社会，消费认同目前涉及共同制作的角色：发表评论、向朋友和家人推广商品、提出改进产品或推进故事情节的想法。精明的公司和政治家也试图围绕其产品或候选人建立数字社区，因为把忠实支持者连接起来就可以转化为收入或选票。从个人观点来看，品牌社区越来越成为认同的重要来源。有时候，我们花费在消费认同上的时间甚至要多于花在其他形式的认同上的时间。

我们不一定放弃主要的认同类别，但我们可以更直接地操控它们对于我们日常生活的重要性。我们中的许多人对自己的民族有着强烈的归属感，但如果我们是魁北克人(Quebequois)、加泰罗尼亚人或威尔士人，那我们就能够使用新媒介来积极地参与这些认同的生产和消费。在一个文化产业以泛播为目的制作文化内容的世界中，管理者们基于各种文化类别进行市场分析，支持将使大批消费者感兴趣的电视节目和电影。在文化产业能够
71 窄播内容的网络社会——想想第二章中的“长尾”概念，管理者可以利用网络创建与那些重视其他文化认同来源的人有关的内容。

这也意味着我们可以利用数字媒介来使我们的多重

认同都活跃起来。与一个美国公民结婚并生活在美国，可以使一个加拿大人感到自己更为加拿大化。使用数字媒介来维护象征性的纽带，同情加拿大侨民，并能得到家里的消息，就让一切都变得可以忍受了。在数字媒介出现之前，文化更多地处于物理位置之中。音乐和食物具有特殊的地域性，出现在其他地方就成了新奇之物。只有随着人们的迁移或当偶尔有探险家穿越大陆时，这些东西才被运往其他地区。今天，我们可以轻而易举地在线找到新音乐和异国食谱。如同卡斯特指出的那样，有些都市地区成为全球在地化(glocal)的，因为在全球城市中，发展过程相距甚远的文化在物理上变得很接近。它们在线上变得具有社会意义上的接近性了。

关于文化生活的网络视角

数字媒介在破坏社会结构的稳定性方面具有重要的作用。按照卡斯特的观点，它们对于动摇文化生产和消费的大众媒介结构来说，具有特别突出的作用。围绕大众媒介而形成的文化机构预设了中心化的、基于物理空间的生产节点：电视演播室、广播电台、好莱坞电影制片厂；文化消费者也位于起居室、电影院和音乐厅的物理空间之中。这些假设有多少仍然是可靠的？例如《异形庇护所》(*Sanctuary*)等电视节目是在温哥华拍摄的，而这座城市的街头小巷被弄得像是纽约市，或绿屏(green screens)再现了孟买。真人秀甚或不是在演播室拍摄的。基于演播室或真实场景的节目的制作人不能保证他们的 72

观众在起居室里观看晚上 5:00—9:00 的黄金时段的节目。相反,这些视频内容在线流式传输,分发到手机,由粉丝们剪辑,并被嵌入超文本之中。

关于文化生活的网络视角突显了我们如何生产、分发和消费所有形式的内容的两个重要特征。数字媒介创造了一个文化流动的空间,这让人感觉地域遥远的地方就在近处。文化价值和文化资本连接成为网络。如果无法接触到信息技术,我们会发现如此之多的新艺术家吗?如果没有数字媒介,我们会把如此之多的笑话和个人轶事传送给朋友和家人吗?如果没有互联网,创新视频项目和时尚设计会有同样的国际分发渠道吗?在相当程度上,我们对于其他文化的了解取决于它们与网络的连接。

首先,文化产业已经利用新媒介技术转变了它们的工作方式,并转变了它们制作文化的方式。其次,作为个人,我们利用数字媒介以创造性的新方式构建自己的文化认同和归属。我们的认同始终是多元的,但现在我们有了数字媒介来满足我们的各种兴趣;我们的认同始终是多重的,但现在我们有了数字媒介来加强我们所重视的文化归属,而不仅仅是那些国家或宗教机构强加给我们的归属。进而,消费文化在网络媒介上蓬勃发展,吸引文化产品的受众和消费者进入创造性的过程。

注释:

124 [1]新闻聚合器是数字媒介如何生成一个独特的流动空间的精彩例子,它们将来自不同地方、不同时间的文化内容聚合到同一地点和时间点之中。例如,在 http://www.newseum.org/todays

frontpages/这一个网站上就可以看全世界的新闻头条，或在著名的在线新闻来源 http://www.tenbyten.org/上看 10×10 的最重要图片。

[2]参见 YouTube.com 上最新的"Know Your Meme"流。以图像和关键字传送的模因新闻(Memetic news)，可以使用 http://www.tenbyten.org 按小时标定。

[3]《萤火虫》是一个绝妙例子，可以说明习惯于旧的生产模式的文化产业与渴望被吸引到电视剧的文化社区中的消费者之间，是如何可能发生冲突的。这个电视剧的粉丝群被唤起了足够的能量，激励环球影业公司发行长篇电影《冲出宁静号》，但随后环球公司起诉生产业余商品(amateur merchandise)，并在公司权限之外开发数字内容的粉丝们。环球影业公司希望游击式营销有助于推广他们认为属于他们的电影，但也威胁说要对业余 T 恤生产商每件侵权作品罚款 15 万美元。

[4]最复杂的生产包括《星际旅行：新旅程》，但是其他生产被列入《维基百科》：http://en.wikipedia.org/wiki/Star_Trek_fan_productions。

第五章 移动的和社交的媒介

如果数字媒介已经引发了经济、 73
政治和文化生活的组织方式的变化，那么，它们在我们组织自己的生活方面，是否也有某种影响呢？如果我们能够更好地建设和管理自己的社交网络，如果移动技术允许我们从连接到通信网络的任何地方都这样做，那么，我们就能够像经济、政治和文化精英那样利用网络的力量吗？在某种程度上，对于这些问题的回答，可以通过理解卡斯特在移动性和社交媒介方面的研究论著而获得。卡斯特指出，“即便考虑到在发展中国家和贫困地区的不同分布，占地球人口相当比例的人还是可以使用移动通信的，有时候，有些地区没有电，但是有某种形式的通信覆盖和商用自行车(merchant bicycles)载移动电池的移动充电装置”(Castells, 2007:246)。

过去，区分真实世界和虚拟世界，
区分面对面传播与在线互动往往是一 74
件有意义的事情。数字媒介、手机和社交网络应用程序已经改变了这一切。在刚刚过去的 10 年间，我们逐渐认识到“真实世界”并不是离线发生的世界。我们的社交界的确包括各种与有趣的人和形式多样的内容的互动。而且在个人生活中，我们中的许多人从直觉上感到：如果我们的朋友和家人成长于不同的媒介环境，那么他们的行为与态度之间就会存在某些质的差异。与孩子生活于其中的媒介环境相比，父母亲是在有着本质区别的媒介环境下长大的（见图 5.1）。即便是年长的兄弟姐妹相比其年轻的兄弟姐妹，也有不同的技术习惯。

图 5.1　两个幼儿在最新的苹果手机上玩幼儿应用程序

第四章是从这样的假设开始的：数字媒介也许是近年来社会转型的功能性和象征性中心。许多不同的软件
75 和硬件都在这一转型中发挥着某种作用。但是，全球最普遍的、社会上无处不在的数字网络设备是手机。

卡斯特认为，数字媒介激发了大众自传播(mass self-communication)。**这是个人得以创造他们自己的内容的过程，是个人得以决定谁能够得到这个内容的过程，也是个人得以直接将内容传送给接收者，而这些接收者可以自行选择是否接收这个内容的过程。**

> 对于要建立其自主权，并以自己的方式围绕自己的项目来对抗社会制度的那些社会运动和叛逆个人来说，大众自传播的出现为他们提供了一个非常奇妙的媒介。自然，社会运动不是由技术发起的，社会运动使用技术。但是，技术不仅仅是一种工具，它是一种媒介，它是一种具有其自身含义的社会建构。(Castells，2007：249)

数字网络是社会关系的重要材料——社会资本和文化资本流通的主要渠道。就此意义而言，数字网络就是社会网络。

如果社会资本是你认识的人，那么文化资本就是你了解的知识。在《独自打保龄球》(*Bowling Alone*)中，罗伯特·普特南(Robert Putnam)发展了社会资本的定义，而包括卡斯特在内的许多学者都接受了这个定义。社会资本是指信任和互惠的规范，这些规范有助于克服集体行为的问题，社会资本也存在于你的家人和朋友的网络之中。换句话说，作为个人，你也许没有社会资本，但是社会资本存在于你的网络之中(Putnam，2001)。在《区隔》(*Distinction*)一书中,皮埃尔·布尔迪厄(Pierre Bourdieu)发展了文化资本的概念,这个概念也被包括卡斯特在内的许多学者所接受。文化资本是指父母传给孩子,学校传给学生的习惯、经验、举止和教育。作为个人,你有文化资本,而且正是通过文化资本,各种社会机构才
76 得以自我复制。特定形式的知识和技能使你为某个网络增添了有价值的东西,因为这些知识和技能可以使你作为网络成员而做出更大的贡献,并从中收获更多(Bourdieu,1987)。

普特南作为一位学者,或许比布尔迪厄更多地使用了网络视角,但卡斯特既使用社会资本概念,也使用文化资本概念来描述数字网络中的移动之物。数字媒介是维护和扩展我们的社会资本的一套工具,也是获得各种新形式的文化资本的一种方式。熟练地使用数字媒介工具是文化资本的源泉,因为在结交新朋友、拓展职业网络和打情骂俏的过程中,我们必须能够发送电子邮件、短信,并能够维护一种在线认同。电视、广播和报纸等广泛传播的媒介不会如此轻易地让人们在自己的网络中管理社会资本。而且,这些传统媒介可以广泛地传播文化资本,但不能让人们根据自身条件来分发自己的文化资本或搜集文化资本。

在卡斯特看来,这是数字媒介最重要的、更社会化的特性之所在。这些技术允许人们制作他们自己的内容,决定谁能够获得内容,直接传递内容,并让接收者有权过滤其接收内容。大众自传播的这种力量也许就是使得数字媒介对我们有如此吸引力的原因。今天,我们正是通过数

字媒介来搜集和消费我们的社会资本和文化资本的。的确，信息素养(informational literacy)和数字媒介的快速变化带来的舒适安逸已经成为文化资本的一种形式。

或许所有这些特征的最好例子是手机。手机代表着几种技术的融合：它们配有内置照相机、闹钟、日历、游 77
戏、音乐播放器、调频收音机和键盘；它们发送和接收语音、文本和视频。它们是这个星球上最无所不在的设备之一，总量超过 15 亿部(确实比座机的数量还要多)。因此，最具社会性的媒介也是最具移动性的媒介。

为什么移动和社交媒体成为我们日常生活中如此重要的一部分？许多支持移动性和社交网络的技术都和消费类电子产品一样容易获得。市场竞争使价格保持在低位，并将对移动性和社交网络的需求与变革性的新传播工具的供给联系起来。移动技术确实已经引入社交新模式。目前，保持联系并更新你的网络活动是许多家庭和社区的社交规范，即便并非每个人都以同样的速度行事。而且，我们中的许多人都渴望媒介中的个人自主权，愿意借助过滤广告来流式播放(stream)我们喜欢的电影和电视节目。

网络的与移动的

当你建造一座新大楼时，通常会分阶段地进行。所以对建造一个网络社会的几个阶段进行区分，或许是件有益的事情。首先，互联网成为一个重要的、新的基础设施，因为它远距离地连接了计算机。构建互联网的那些技术集合包括海底电缆、单个服务器、大型服务器集群以及能够让不同计算机共享信息的软件协议。但是，大部分人过去用来连接互联网的设备是位置固定的大型计算机，通过硬件连接互联网与电源。

78 当越来越多的人开始使用手机来调节他们的家人和朋友的个人网络时——他们喜欢在移动时做这样的事，建造网络社会的下一个阶段就到来了。总体上，手机比计算机普及更快，这一部分是因为它们没有那么昂贵，一部分是因为它们采用的是比较简单的技术。手机成为一种连接互联网的方式，而且，今天它们的用处显然远远不限于打电话。

随着服务器节点和(有线与无线的)互联网连接的基础设施的落实到位，建设网络社会的最后阶段也与社交网络应用程序的发展同步到来了。允许用户生产内容、管理内容的分发、过滤传入内容的软件，实际上使得大众自传播成为可能，而卡斯特对之做了极有说服力的描述。因此，向网络社会的转变不仅是以互联网的到来为标志的，移动文化和以成熟的方式管理个人网络的能力，也是网络社会的特色。社交网络始终是存在的。但是，用于网络传播的普遍的基础设施，用于访问网络基础设施的移动技术，用于管理社会关系的软件，都是重要的新现象。

不过，在网络社会移动的不仅仅是人。今天，我们有理由假定，年轻工作者将依赖他们的弱纽带找工作，而这些弱纽带可能使他们有机会在那些他们从未去过的城市中就业。我们有理由假定，你手中的手机本身就是网络关系的一种表现：来自西澳大利亚的石化产品，为中国大陆的塑料厂和中国台湾的芯片制造商供货；组装在韩国，包装在墨西哥；还有在你社交网络中某人的推荐的基础 79
上，将成品带给你的那些分发网络。除了个人和产品的移动性以外，信息也在网络社会中独具特色地移动着。网络社会是一个有关现代性可能是什么、应该是什么的循环思想的系统。这一循环的最大受害者，或许就是我们对于空间和时间的感觉。

流动空间与无时间的时间

在若干重要方面，伦敦、多伦多和纽约等全球城市彼此之间的共同点，超过了它们与其各自国家的行政区首府的共同点。这种都市文化是独特的网络现象的一个结果。卡斯特的重要思想之一——这个思想对社会科学和人文学科都产生了某种影响——涉及他所称之为的“流动空间”(space of flows)和“无时间的时间”(timeless time)。这两个概念都在他的三卷本《信息时代》中有所介绍，而《信息时代》这套丛书写于移动技术和社交网络应用程序广泛传播之前。但是，检验这个思想之力量的一个好方法是：尽管事物发生了变化，它仍然具有相关性。流动空间的概念目前或许更为相关，因为移动性和社交网络应用程序在我们处理日常事务方面变得非常重要。而无时间的时间对于那些在网络社会中长大的人来说，似乎是一个非常直观的概念。

卡斯特最深刻的观察之一是，许多数字技术既颠覆了我们关于时间如何流逝的个人感觉，也颠覆了我们关于社会距离的感觉。在某种程度上，新媒介技术消灭了时间，因为在数字时代，我们想象和测度传播过程所需时间的方式太慢了。信件需要几天时间穿越这个国家，飞
80 机需要几个小时穿越那些海洋，电话呼叫实时发生。我们对以下类型的传播过程都有所了解：写信的程序和发送邮件的人；空中旅行的路线和惯例；某个人接听固定电话的语境，以及我们进行电话交谈的方式。它们都是连接远距离的人的传播模式，但是通过使用它们而获得的社会互动比较慢。**流动空间是这样的地方：通过它，媒介基础设施使得来自不同地方的社会生活能够继续进行，就好像它们实际上在场和相近一样。用卡斯特的话来说，它是“没有地域邻近性的社会共时性”。**

但是，我们并不总是能够理解数字技术的运作方式，也的确难以想象这些方式。我们中的大部分人不完全理解超文本、二进制数字的转换、电子的运动以及利用作为数字传播过程组成部分的公共频谱的基础设施。当我们用手机给某人打电话时，我们或许几乎不了解电话另一端的那个社会语境，更不用说地理位置了。电子邮件和在线聊天有时候是同步的传播形式，有时候是不同步的传播形式。被嵌入电子邮件中的时间戳(timestamps)并非总是具有社会意义的准确性。讯息、内容和资本在数字网络中扩散得如此之快，以至于与人类对话的速度相比，电子邮件是即时传播。

相对于数字媒介消灭了时间的说法，或许更准确的说法是，传播时间的流逝被消除到不具有社会相关性的

程度。制作和消费内容的时间也许是有意义的；分发内容的时间也许是没有意义的。因此，流动空间就是这样一个概念：它意味着在没有地域邻近性的情况下，为同步进行的社会互动捕捉实体的布局（the material 81
arrangements）。社会互动过去是基于地域并以地域为界限的；现在，它存在于数字网络的信息洪流之中。[1]

因此，人、资源和关系过程贯穿于其中是这种空间的重要特征。在这种情况下，它们瓦解了传统上我们对于时间和暂时性（temporality）的感觉。另一个在现代性问题上得到广泛引用的学者是安东尼·吉登斯（Anthony Giddens），他将这种特征称为"时间压缩"（compression of time）。每当人们产生互动，但实际上在时间（非共时的传播）或空间（远距离的传播）上缺席的时候，这种压缩就发生了。压缩的时间是创造了我们对于全球的、超民族的社区之感觉的时间（Giddens，1991）。

但是，卡斯特更愿意使数字媒介成为我们当代时间感的组成部分。今天，网络社会中的人使用数字媒介来管理和加工信息。某些类型的媒介化传播是共时的，其他类型的媒介化传播则是非共时的。有些文化产品是转瞬即逝的社交体验，而其他文化产品则有数字化的存档。**无时间的时间是我们关于过去和未来融合在当下的感觉，因为数字媒介将已经发生的事情带给我们，并让我们立即体验来自遥远地方的文化。用卡斯特的话来说，它既破坏了我们的"逻辑时间序列"，也破坏了我们的"生物时间感"。**

无时间的时间的结果之一，是对社区生活空间的影响。金钱是价值的一种表现。因此,如果被某些社区认为有价值的东西能即刻与其他大陆的社区进行交易,那么这对于该社区来说能意味着什么?数字媒介将不同社区的经济、政治和文化功能结合起来。换句话说,时间的流逝不那么具有社会相关性了,因为讯息在被发送之后如此之快地就到达了。如果一个位于你的小镇上的工厂老板没有住在这个镇上,甚至没有来过这个小镇,
82 更不用说见过他们的员工了,那么,合理地构建企业的方式,就是将老板、员工以及设备连接起来的那些社会纽带了。场所,以及小镇的实体社区,不等同于这个企业。的确,几乎没有什么实体场所还像从前那样等同于企业了。

世界主义文化与文化认同

许多观察者已评论说,全球化的讽刺意义在于,它提高了地方性作为公认的文化内容的重要地位。对于现代的、世界主义的(cosmopolitan)公民来说,物理位置不再预示文化品位。流动空间使得博洛尼亚、弗里曼特尔和莱斯布里奇的居民能够了解黎巴嫩最新的说唱音乐,以及麝香猫咖啡(civet coffee)在印度尼西亚的制作过程。在某些方面,比起计算机,手机是一个更重要的数字媒介。越来越多的人拥有一部手机,也正是数字媒介在我们醒着的大部分时间里伴随着我们。几乎每一个重要的软件应用程序都有一个移动版本。这是技术融合的主要例证。在某些国家,大部分人都只享有基本的通信服务。

但即便是在这些国家,手机都是用于移动小额货币和信贷、获取最新公共健康信息,以及与家人和朋友谈笑的设备。

随着手机的推广,文化产业的转型通过更直接地管理其文化消费的途径,为许多人提供了控制其认同的机会。卡斯特指出,当人们如此行事时,他们往往是在其栖居的特定社交网络上,而不是在一般的文化类型的基础上建构他们的认同。这是一个复杂的过程,它可以使我 83
们更加慎重地制作和消费文化内容,因为数字媒介迫使我们自己做出编辑选择。换句话说,虽然泛播媒介(broadcast media)强化了诸如民族主义、宗教或种族等大规模的文化类别,但数字媒介使我们能够通过将来自全球和地方网络的内容与我们感到亲切的内容相结合的方式,来构建我们自己的文化认同。

不同理论家使用了不同语词来理解这样的问题:当我们作为个人用来自全球和地方的配料制作文化时,文化是什么?萨斯基娅・沙森(Saskia Sassen)写道,文化的"全球组合"(global assemblages)从当下和地方、过去和遥远的资源中同时吸取内容和习俗(Sassen,2006)。乌尔里希・贝克认为,全球化已经带来了一个社会行动者的共同体(a community of social actors),这些人重视民主文化并将自己视为世界公民(Beck,2006)。在卡斯特看来,正是数字媒介网络使得人们将这些认同的共同体聚集在一起。

在我们可能拥有的多种文化归属关系中,民族主义或许是数字媒介环境下最受影响的归属关系,或许也是在此环境下最受削弱的归属关系。在某种程度上，民族国家的权威和财富被全球经济力量破坏了。回想在有关政治的那一章中，卡斯特论述的关键是提出了这样的论点：在大部分国内环境下，政治权力越来越集中和实施于媒介之中。卡斯特认为："如果武装部队接受美国北约指挥官的命令，那么，为什么他们要向西班牙国旗敬礼，而不是向加泰罗尼亚国旗敬礼？"(Castells，2000b：116)随着民族主义光环的消退，以及能够使我们探索其他历史和文化的数字媒介的发展，其他认同也会越来越突出。

对于许多人来说，认同的最重要来源之一是他们的
84 工作。在网络社会，许多职业是通过社交网络在网络化组织的企业中找到的。这意味着年轻人很可能深深地浸染在工作文化之中，而如果他们在文化产业中工作的话，就尤其如此了。特别是在网络初创公司和媒体企业中，工作周远远超过平均数，工作时间和非工作时间的界限模糊不清，倦怠率也很高。

这是卡斯特的当代媒介研究与其早期城市研究之间的一个关键连接点。全球在地化(Glocalization)是一个由巨型城市(powerful cities)驱动的文化过程，也是一个以巨型城市为中介的文化过程。沙森认为，城市对于整个世界的其他地方施加巨大的策略控制，因为许多至关重要的公司服务中心都以大都市中心为基础(Sassen，2001)。她提出，这可能使得物理空间在现代文化经济中变得**更加**重要了，因为正是位于伦敦、纽约和东京的大公司总部才拥有管理全球交易所的计算设施。这三座城市拥有高度集中的企业中心。其他城市也许拥有几个企业

中心,而且全球文化的管理方式正是来自这些中心。卡斯特的空间视角并没有那么重视位于地方的公司。在他看来,空间之所以重要,是因为其中的流动之物,人流与电子流在穿越网络的途中总是要经过诸如此类的节点。

虽然城市或许是文化得以形成和流动的重要节点,但我们必须求助于卡斯特在巴黎的一位同事来理解象征(symbols)在认同形成中的作用。鲍德里亚(Baudrillard)认为,文化以符号(signs)系统的形式协同运作,文化物体也只有在彼此参照中才具有价值。这些系统使得人们能够通过定义他们不是谁而定义自身。进而,鲍德里亚提出了这样的论点:真实和虚拟之间的区分几乎没有什么意义,因为特定物体的文化价值只有通过共享图像和符 85
号才能够得到理解。在鲍德里亚看来,权力利用媒介以确保真实不再存在。有些人认为第二次海湾战争是为人权而战,其他人认为它是为了寻找大规模杀伤性武器,还有人认为它是为了稳定燃料供应。大部分美国公众都相信大规模杀伤性武器是在伊拉克发现的,大部分美国公众也相信奥巴马总统是穆斯林。因此,对于归属不同政治认同的人来说,第二次海湾战争有着非常不同的象征。虽然鲍德里亚确实发展了他自己关于媒介权力的论点,但他没有对大众媒介和数字媒介在符号交换中的作用做出任何特定的区分(Merrin,2005)。

相比鲍德里亚对于大众媒介如何泛播信息的理解,卡斯特更具体地论证说,数字媒介提供了将思想和符号最直接地置于人们头脑中的权力。泛播媒介分发的是一般性的信息,而网络媒介窄播信息,这样它们就有了来自家人和朋友的额外可信度。社交网络可以保护我们免受逆向信息的侵害,因为我们天生信任自己的强纽带和弱纽带,至少我们拥有评估来自我们的强纽带和弱纽带的信息的充分准备。所以数字媒介允许一种象征性的暴力,卡斯特用它来指“一种特定的象征性符码的能力,它能够从被施以权力的个人大脑中删除某个不同的符码”(Castells,2000a:8)。

在网络社会,我们建立某种文化认同的过程是复杂的。在一些方面,比起大众媒介时代,我们行使更多的代理权,因为我们能够积极地运用数字媒介从全球网络中
86 获取信息。当我们发现世界各地的社会运动有着共同原因的时候,当我们培养有趣的烹饪、音乐或文学品味的时候,我们就能够建立各种跨国认同。但是,允许我们“浏览”其他文化的社交网络,同样也限制和约束了我们的“浏览”。一旦我们指定了我们的过滤器——它们可能是软件代码或我们信任的网络中的人,我们就将某些来源定为新信息的必经之路。换句话说,我们可以利用数字媒介变得更加世界主义,并参与到全球政治、经济和文化的流动空间之中。但是,将我们的喜好编入软件,也可能会僵化我们的认同。

移动政治

互联网和手机有助于加快新闻周期,并改善了调查记者与喜爱探究的公民们可获得的信息资源。不过,不仅流动的新型移动空间具有经济影响,网络接入的多重

模式对于媒介政治事务也有相当大的影响。

第一，手机已经成为与政治相关的媒介，被用来协调从莫斯科到德黑兰的公众抗议活动。公民们在投票站使用带有照相功能的手机记录欺诈事件，并交换有关他们喜欢和不喜欢的政治候选人的笑话。在大多数选举国家，难以想象的是一个竞争高级政治职位的候选人竟然**没有**移动或社交网络助选策略。

第二，借助每天 24 小时都在寻找新闻故事（特别是耸人听闻的故事）的新闻机构，新类型的人和组织有了设置政治议程和制定时事框架的机会。例如，在西班牙、巴西和阿根廷，拥有廉价消费类电子产品的普通公民、小公 *87*
司的说客和外国政府都参与了选举期间的政治话语的形成。这意味着非传统的行动者有了大量新机会成为媒介机构和经纪人——他们是媒介网络中的节点，像编辑一样作为信息经纪人。移动公民制作和消费新闻，并成为新闻经纪人。

第三，移动公民对有关舆论形成的研究假设提出挑战。即便你不接受网络视角，那些有关新闻记者和新闻消费者之间的明确区分的简单断言再也站不住脚了，这也是现在媒介研究之所以令人兴奋的原因。政治、娱乐和日常生活不是相互排斥的内容类别。新闻消费的时间和空间，或用卡斯特的术语——“流动空间”也不容易得到控制或预测。新的传播移动性的真实后果是：你正在被深深地嵌入制作新闻的网络之中。

现代政治抗争是人、技术和思想的流通中新的移动性的一个例子。2009 年夏，成千上万的伊朗人抗议被盗选举(stolen elections)。他们使用推特来播放关于警察暴力的报道,他们使用自己的手机互相警示政府当局的巴斯基民兵动向(*Basij* militias),一旦政府当局明白了其对手在移动技术方面的使用,就试图将之用于反叛乱战术或使之完全失效。但这样做的结果是引入了一批国际志愿者,他们使用自己的信息技术来反映当地的情况,为当地抗争活动领袖提供服务器支持,并为国际新闻媒介提供图像和报道。

长期以来,专制国家(authoritarian states)可以控制
88 固定的媒介基础设施:关闭转播台的电源,烧毁电视台,控制新闻纸和油墨的供应。不过,事实已经证明,专制政权对于移动的和社交的媒介的控制要困难得多(Howard,2010)。伊朗的统治精英没有垮台,但这个国家的精神领袖们对政府的强硬回应意见不一,而且,比起上一次被操纵的大选,这次抗争活动持续的时间要长得多,也得到了更多的国际关注。

移动的就是社会的

与建立在关于互联网发展的第一个 10 年的研究基础上的论点相比,卡斯特对手机和社交媒介的研究没有得到那么充分的展开。但对思想的真正检验,是看它们是否适用于重要的新现象,而卡斯特就互联网和社交组织的许多观察都适用于其他数字媒介,诸如手机和社交网络应用程序。对于“媒介为什么是重要的”这一问题,卡斯特的认识核心是他对于权力的定位和运用方式的观

察。卡斯特认为,社会通过创造一个公共空间而存在。在这个公共空间中,私人利益可以得到协商,集体项目可以得到确定,并可就共同利益做出决策。在工业社会,这个公共空间采取了民族国家机构的(理想)形式:民主选举、司法独立以及独立的公民社会。

在网络社会,媒介网络为这个公共空间提供根本的基础设施。同时,社交网络软件和手机是使即便最分散的子网也能够连接到网络社会的决定性技术。相比哈贝马斯描述的公共领域,这个公共领域有着非常不同的建构方式。它不仅是网络的和数字的,也是移动的。 *89*

在卡斯特看来,数字媒介将国家和文化融合在一个24小时的传播网络之中。这个公共领域的建构不是政治中立的,它充满了相互竞争的价值观。媒介精英与作为个人的你相竞争。这些精英之所以强大是因为他们制作了受到版权保护的文化内容,并拥有大部分信息基础设施。作为个人的你之所以强大,是因为你管理着自己的信息过滤器,并控制着社会传播和文化消费的终端(你的手机和你的计算机)。当你穿行于一个社交世界时,你仍然与一个非常个人化的技术联系在一起,卡斯特写道,"多元文化主义(Multiculturalism)是我们这个世界上的一种常态,而不是一个例外"(Castells,2009:124)。

注释:

[1]关于流动空间的更多文献,参见卡斯特(1999)和卡斯特(1996)第六章。 124

目前，数字媒介为权力的集中提 90
供了基础设施，意识形态斗争和冲突在此产生。也正是通过这一基础设施，有形冲突得以协调、记录和呈现。民族国家曾经是权力集中和资源管理的支配性社会组织，而卡斯特却在媒介网络中发现了这种权力。对于权力来说，知识远比军事力量更加重要。权力为什么迁移到了媒介网络之中？“就因为一个简单的道理”，卡斯特写道，“只是在历史的此时此刻，才出现了一个使其成为可能的技术基础设施”(Carnoy and Castells，2001:3)。

当代权力基础设施确实包括用于人、商品和服务的快捷运输网。但是，权力基础设施的相当一部分是处于数字媒介网络之中的：计算机系统、先进的电信设备和内容制作者，共同促成了复杂分散的网络化资源的管理。能
够创造新网络的人或那些作为信息经 91
纪人而在穿梭于网络之间的人，拥有巨大的权力。卡斯特媒介研究的重要影响在于，他阐述了数字技术以何种方式既成为基础设施，又成为社会结构。

这个结论性的章节总结了几个观

点。首先，卡斯特的媒介网络研究能够影响我们对如何管理自己的媒介网络，以及自己在日常生活中如何使用数字媒介的看法。本章也将通过提供技术应用和社会现象的范例——它们对于读者的生活具有某种直接影响，努力将读者置于他们自己的网络社会之中。其次，网络视角对于我们如何研究媒介具有明确的意义。最后，本章引入对卡斯特的媒介研究的一些最重要的批评。其目的不是要抹杀他的重要贡献，而是要阐明媒介研究中的某些生机勃勃的争论，并确认一些有趣的、仍需得到解答的问题。通过介绍对卡斯特的研究的某些批评性回应，这里的结论也将给未来媒介研究的探索提供某些可能的方向。它还会使读者们感觉到这是一个活跃而又充满争议的探索领域。

网络的个人语境与全球语境

无论你是否完全接受关于媒介权力的网络视角，你在如何使自己成为一个健全而成熟的公民方面，都会得出几个基本结论。如果卡斯特能够向我们讲授权力在网络社会中运作的道理，那么，我们运用他的观察就可以既免受滥用网络权力之苦，又在我们有值得如此行事的理由时学会怎样投射网络权力。

92 第一，警惕当你穿过数字网络时留下的“数据踪影”(data shadow)。网络媒介权力的关键是我们制作和消费数字内容时所留下的信息。我们并不总是意识到：当我们穿越网络社会时，从我们投下的数据踪影中究竟能够推断出多少有关我们态度和行为的东西。想一想网络视角的三个基本假设：我们生活在一个由人、技术和人工制品的节点构成的网络之中；链接模式与节点本身同样重要；整体结构既为行为提供空间，也对行为施加限制。我们生成的服务器记录文件、在线资料、信用卡历史记录、医疗档案、调查答复和其他数据，被他人用来识别我们的网络节点，并用来研究我们的关系。通过形成媒介内容，数据被用来管理我们的行为机会，影响我们的投票，引导我们购买消费品。你的信用卡上有购买避孕药的记录（或没有此类购买行为的电子记录），这使得你有兴趣支持关于选择（堕胎）的游说，或支持关于生命（优先）的游说。订阅某些杂志有助于广告商把你归入某个细分市场，这将有利于他们向你出售其他生活方式的产品。[1]警惕你的数据踪影如何成为他人对你实施某种控制权的一种来源。用卡斯特的术语来说，它给了你反权力（counter-power）。

最近，谷歌和脸书都在保护个人信息方面受到了强烈的批评。许多数字媒介服务（包括由脸书提供的那些服务）都默认这样的假设：用户信息应该能够为脸书的广告客户所获得。谷歌的街道地图绘制项目曾被宣布为一项捕捉城市主要街道图像的、创造性的、雄心勃勃的尝试，却无意中搜集了关于个人家庭无线网络的信息。这些公司凭借整理大量数据而获利。它们也从用户那里获 93
利，而这些用户也许不喜欢个人信息被用于做那种事情，但他们又不愿意或不能够轻易地“选择退出”。

第二，依赖各种不同的网络获取新闻和信息。那些最喜欢在某个网络的类似地方获取政治新闻和信息的人,应该去寻找更加多样的获取新闻的方式。例如,2004年,三分之二的福克斯新闻受众相信,美国已在伊拉克发现了萨达姆·侯赛因正与基地恐怖组织密切合作的确凿证据;三分之一的受众认为,美国已在伊拉克找到了大规模杀伤性武器;三分之一的受众认为,世界上绝大多数人支持美国入侵伊拉克。调查期间,其他新闻来源的一些受众也犯有同样错误,但这种错误信息在福克斯新闻的受众中最为明显(Kull,Ramsay and Lewis,2003)。另一项调查报告说,那些在线获得新闻的人就辨识政治人物和重要事件而言,表现出较高的政治老练程度(Pew Research Center for the People and the Press,2007)。你应该对生活中的新闻和信息来源持有批判之心,并尝试使用几个来源。你甚或无须获取更多的新闻,只需使用社交网络应用程序、互联网和移动技术便能处于几个意见网络之中。

第三,警惕网络视角本身可能为政治精英们所利用,甚至滥用。"网络"概念本身曾被美国布什政府盗用,然后得到新闻界的附和,以用作一种狭义、繁琐和邪恶的组织形式(C. Stohl and M. Stohl,2007)。对这些政策制定者来说,网络被视为单一的和非历史的社会关系的信息
94 系统,它们是按等级组织的、自上而下的命令和控制结构,在全球范围内连接同质群体。至关重要的是,这一东方倾向的网络理论观约定,详尽说明网络的界限将会揭示政治意义上的关系。与之形成对照的是,网络动力学研究已经表明网络作为传播系统的多面性。网络的组织

形式被历史建构的关系集聚在一起——也受其限制，这些关系使得动态的、应急的、适应的和灵活的联盟成为可能。网络最终是由其他异质网构成的，这些异质网可以被描述为地方网络和全球网络，或既是地方网络又是全球网络(C. Stohl and M. Stohl，2007)。以上述不同寻常的方式来使用“网络”这个隐喻，现代恐怖主义网络的关键通道是互联网，而在对“9・11”事件的最初反应中，互联网很快被看作是反西方的宗教激进主义活动的最重要的基础设施。

第四，警惕你自己在数字网络中的位置。网络社会分布不均，其他人在网络中有着不同的位置。在个人层面上，这意味着并非每个人都与你的技术熟练程度，或技术习惯相当。社会语境也许决定了技术使用的规范：我们中的许多人认为在课堂、公共汽车或飞机上使用手机是令人讨厌的，有少数人不这么认为。从全球角度来看，这意味着其他文化中的人具有略为不同的技术习惯，而且许多人将几乎难以获得数字媒介。社会不平等可能通过网络而永久存在下去。

进而，对于其他人来说，你是一个信息经纪人，所以小心你的墙贴、推特和其他数字输出有可能对你的网络造成影响。你要意识到，其他国家的人会有不同的电子邮件书写方式，因此，他们或许不像你所希望的那样来解读你的讯息。你要意识到，信息和传播技术是你这个生活在某个网络社会核心地区的人所拥有的诸多奢侈品之 95
一。但并非每个人都生活在网络社会的核心地区。

网络社会的科学探究

卡斯特已经对媒介研究产生了重要的影响。他在很大程度上增进了我们对于网络社会的政治经济学的理解,并增进了我们对于媒介权力的理解。他总是鼓励他的同事和学生们“使用理论,而不是让理论使用你”。为此,我们采用网络视角来研究媒介,既揭示了专业技能被用来服务于权力的方式(即媒介在管理科学知识方面发挥作用的方式),也揭示了新技术促进社会科学的研究与传播手段去中心化的方式。

在鼓励自己的学生进一步推进权力、网络和媒介研究的同时,卡斯特还提供了批判的见解:媒介在管理科学知识方面具有巨大的作用。科学知识在以往主要由国家所推动和控制,并经常被国家用来再造社会不平等(Carnoy and Castells,2001)。当新探索为国家权力的扩张提供了某种可能时,科学研究就受到了特别支持。

不仅数字媒介有助于将科学知识传播给非专业人士,互联网的基础设施也有助于新知识生产的去中心化。第一,太多的开源工具、创意视觉软件和免费应用程序,
96 使得普通用户有可能以协作的方式管理和分析大量数据。第二,对科学探究本身的管理不再与国家权力捆绑在一起,它驻守在媒介之内。“发达国家的个人电脑和互联网的接入几乎无处不在,从而逐渐使得凭借私人融资和管理的学习课程进入教育系统,尤其是进入大学层次的教育成为可能。其中许多课程承诺,比起国家教育系

统所提供的课程，它们能够在具有全球价值的知识方面提供更好的培训。”(Carnoy and Castells，2001：10)第三，尽管互联网最初是由美国通过一个将大学和军队的计算机联网的项目而开发的，而现在，新的基础设施创新来自全世界的私营公司。

有几个很好的例子可以说明互联网在科学知识的扩散和争议的仲裁方面如何变得重要起来。或许最好的例子出于一些探索领域：在那里，公众在没有什么科学争议的地方却面对科学争议的表象。在代表不同观点的幌子下，那些否认人为因素导致气候变化的人，或许被赋予了同代表着科学共识的另一些人相等的代表权，后者认为全球变暖是由我们的经济行为造成的。同样，创世说可能与进化论被置于同等地位，因为这是一个相互竞争的分析框架，尽管在一般进化原则背后存在着广泛的科学共识。如此行事也许会被媒介网络证明是将科学知识呈现给公众的一种公正平衡的方式。但是，如此行事也会将一个不重要的科学争议变成一个耸人听闻的政治争议，从而服务于媒介。

除了新闻媒介在报道科学方面的作用以外，数字网络对于科学研究也既有积极影响，又有消极影响。去中心化的知识生产已经创造了某些令人难忘的成就，诸如 97
为了大型网络化科学项目而贡献个人计算资源的维基百科和软件。[2]不过，超文本也对我们的学习方式产生了影响。关于学者们如何搜索和引用文献来源的研究发现，随着越来越多的期刊上线，被引用的文章往往是新近的文章，得到引用的期刊和文章数量则更少了，而且，更多的引用集中在少数的期刊和文章上(Evans,2008)。

批评性的回应与可供替代的方法

本书旨在阐述我们从卡斯特的媒介网络视角得到的启示,但学界对于他的研究的确存在着批评性的回应。在这里,我们必须确认学界对于他的研究的回应,并确认其网络视角没有完全解决的那些问题,从而将卡斯特置于更宽泛的媒介研究者的网络之中。第一,某些专家以完全不同的方式解释了同样为卡斯特所引用的那些趋势和证据。第二,某些分析者认为,关于哪些输入带来哪些结果的因果联系,卡斯特并没有提供足够清楚的说明和强有力的论证。第三,虽然卡斯特声称对网络关系感兴趣,但他却没有使用社交网络分析来规范地建立这些关系的模型。第四,即便卡斯特关于网络关系的因果联系、证据解释和描述是可以接受的,但其发现也许还是最适合用来理解西方富裕的城市中心的社会生活。换句话说,相比边缘地区和非西方文化的研究,他对来自美国和欧洲的证据分析方面花费了更多的时间。

关于卡斯特的媒介研究的第一种批评主要是不赞成
98 他对证据的解释。在某种意义上,提出宏大理论所面临的挑战是:描述分析框架必须先于提供大量证据。当卡斯特说"(我提出了)对某种我试图传播的分析观点的解释,而不是证据"时(Castells,1999:294),他就承认了这一点。这意味着,如果我们认为他的某些结论在直觉上是有道理的,那么,为了使这些结论更加可信,我们在以某种有目的的方式搜集大量证据方面，还要做许多工作。

在卡斯特的研究中，新的信息技术是全球化的原因之一，不过，全球化也导致了新的信息技术。而且，随着权力在媒介网络中找到了比在司法、军事和政府机构中更有效力(effective)的家园，国家的自主权下降了。但是，有些历史学家会论证说，国家从来就没有非常自主，总是与其他公民与宗教机构一起被嵌入社会语境之中。有些政治学家会说，国家仍然具有一定程度的自主行动的能力。国家几乎没有“被逐步淘汰”，而且，既然信息管理一直都很重要，那么，它的官僚形式实际上也是刚刚得到转变。国家仍然是决定性的和进取性的机构，特别是在经济或政治危机的时候；如果没有国家的投资和监督，全球信息基础设施就几乎不能建立。

在政治生活领域，很难找到只是“互联网候选人”的重要政治候选人。换句话说，有一些网络竞选活动设法使它们的问题变成国家的议题，或让它们的候选人上台。但是，大部分国家的大部分选举和立法胜利，仍然是由竞选捐助和公民领袖的魅力决定的，而不是由某个社交网站上的竞选活动的支持者数量决定的。各种激进的公共 99
政策选择，在志同道合的个人网络中或许很受欢迎。但是如果未被主要的新闻组织所报道，光有一个好想法是不够的。所以，尽管有些媒介对网络实施控制权的例子，但在若干重要的方面，政治生活一如既往。

此外，有证据表明，一切新的信息技术和上网工具对于政治(是否)成熟的影响都微乎其微。在美国，似乎和 20 年前一样，普通成年人几乎说不出他们的领导人的名字，对于国际事务和重大新闻事件也几乎一无所知。尽管有线网络上的新闻节目更加多种多样，新闻网站的互动性得到了增加，教育水平也有了提高，但仍然如此（Pew Research Center for the People and the Press，2007）。

卡斯特的重要贡献之一是提出了以下观点：经济的、政治的和文化的权力不再真正存在于国家之中，而是存在于由诸如迪士尼和时代华纳等公司，或如鲁珀特·默多克和西尔维奥·贝卢斯科尼等人统治的媒介网络之中。但或许矛盾的是他也做出了如下论证：权力存在于个人用户——他们分布于全球，并在全球范围内相互作用——的多样性和非常自主的内容来源之中。权力是被媒介垄断集团牢牢控制？还是广泛分布于日益成熟起来的公民之中？

实际情况或许是这样：存在着几种权力，它们由不同的行动者所掌握。卡斯特指出了权力和反权力之间的差异，后者是挑战统治和使社会关系达到平等的能力。不过，在成功地运用其反权力获得政治机构重大变化的社会运动方面，几乎没有什么很好的例子。就各种特殊问
100 题而言，确实有许多主流之外的人的创新竞选活动和非凡胜利的小例子。在社会正义的事业中，当网络公民以创造性的方式使用数字媒介时，或许也有几个被卡斯特称之为反权力的小例子。但是，很难把这些少数例子叠加起来，并得出结论说，公共领域已经有了永久性的改变。

根深蒂固的政治利益集团擅长于同化挑战者，并擅

长于学习新谋略。迪士尼和时代华纳仍然是我们大多数文化内容的制作者。贝卢斯科尼仍然有效地管理意大利，而默多克的媒介帝国则正扩张到发展中世界。大部分公民从电视中获取新闻，只在选举时才与政治新闻和信息发生互动关系。

对于卡斯特的研究的第二个批评是：他几乎没有提供明确的因果联系。网络社会始于何时何处？这是一个难以回答的问题，因为正如卡斯特承认的那样，新技术始终具有它们的先驱和发展历程。一个连接大学和军事计算机设备的网络的早期设计出现于 1969 年左右，光缆的设计时间是 1971 年左右，到了 20 世纪 70 年代末，微型计算机在商业上得到运用。但是，美国互联网基础设施的最重要部分直到 1995 年才实现私有化。在世纪之交的网络泡沫期间，网络企业得到了最为迅速的发展。今天许多影响了流动空间的网络设备，都是到了 2005 年才开始商业化。为更迅速地分发更多内容所必需的宽带技术仍集中在北半球的富裕国家。正如卡斯特指出的那样，即便一种新的技术范式在 20 世纪 70 年代初就发展起来了，但他称之为网络社会特征的那些社会变革直到 30 年以后才得以实现。 101

网络视角也许不会揭示清晰的代理来源和明确的因果关系链条。卡斯特经常声称，网络社会源于美国和西欧 20 世纪 60 年代出现的社会运动。这些运动确实比数字媒介早了 10 年，但是，这不足以构成一个因果关系的叙事。这些运动通常不被视为高度网络化的社会运动的例子（许多人认为萨帕塔主义者是新媒介社会运动的最早和最好的例子)。或许有些参加了这些运动的人继续设计和使用数字媒介,将他们的民主价值灌输到技术之中,但是,其他人已经全面发展了那个观点(Turner,2006)。[3]如果有一个关于社会变革的宏观理论,它将媒介既视为中心化权力的原因,又视为去中心化权力的原因,那么,这样的理论会提供怎样的帮助呢?

就卡斯特对于网络理论的运用而言,人们提出的第三个批评是:他没有建立规范的网络模型。在研究纽带和节点方面,许多从事社交网络分析的政治学家、社会学家和传播研究者都掌握了高水平的数学语言。存在着各种非常简单的计算,它们能够被用来计算网络的大小。边界、中心性和其他网络属性都能够以极其精准的科学术语得到确定(Monge and Contractor,2003)。可是,卡斯特并没有使用这些分析工具,即便他的研究问题表明社交网络分析将有助于加强他的论证,也是如此。尽管卡斯特关注传播网络,但是他的方法更类似于政治经济学的一般方法。

最后一个批评是:卡斯特的大部分深刻分析确实似乎是建立在来自北美和欧洲的富裕国家的证据的基础之
102 上的。卡斯特的许多研究都处于网络核心地区,他的不少证据也是来自全球城市、美国和欧洲的主要媒介组织以及西方富裕国家。或许,有关数字媒介对于世界其他地方的影响的问题,卡斯特提供的见解还不够。许多发展中国家的媒介体系与西方国家的媒介体系极为不同,它们对电视和无线电广播严加控制,却有着非常活跃的印刷媒体。存在着卡斯特的理论不完全适用的几个方面。他研究网络社会的视角真的在美国和欧洲之外畅通无阻吗?当依照纽约、洛杉矶和伦敦的证据得出的结论被用于温得和克、科伦坡和杜尚别时,仍然是正确的吗?

我们从各种重要方面理解全球传播网络的核心,便在相当程度上揭示了权力,通过定义也可以认识传播网络边缘区域没有发生的事情。但是,说到媒介和信息的问题,就像一般素养(general literacy)一样,国家之间的技术素养(technical literacy)也有很大差异。日常媒介供给(media diets)在非洲、拉美和东南亚是不同的,在那些地方,印刷报纸仍是一个占主导地位的政治机构。不过,关于媒介网络边缘地区生活的分析不仅仅与发展中国家有关,也与发达国家的社会不平等的根源有关。

网络有界限,而且人们已经知道了网络使不平等永久存在的一些方式。马赛、芝加哥和墨西哥城的城市贫民的共同特点是比富裕精英享有更少的社会或文化资本。或者至少,城市贫民具有特定种类的社会和文化资本,后者并不直接提供就业的流动性,也不能轻而易举地改善他们的生活质量。如果诸如此类的社区也处在媒介网络的边缘地区,并且上网是一个奢侈品的话,那么他们的网络社会经验就肯定完全不同于我们的网络社会经验。关于转型时刻和等级制机构的问题,卡斯特的大部 103
分论述显然最适用于欧洲、美国和其他几座全球城市。如果他更主动地从发展中世界寻找证据,那么他的论点会不会崩溃,或者会不会更有说服力呢?

卡斯特关于媒介的网络视角并没有说服每一个人。对于某些媒介专家来说,他的方法没有提供清晰的因果路径、独特的解释证据的方式、规范的社交网络分析或网络社会边缘地区的生活。其他人已经推进了网络视角，并以另外一些方式描述了网络社会。冯·戴伊克(Van Dijk)是首批提出网络社会全面定义的学者之一，他不那么重视数字媒介的转型作用。资本主义和父权制是如此悠久的制度形态，因此信息和传播技术只是权力的弱根源。的确，对于冯·戴伊克来说，下述可能性要大得多：资本主义将重塑各种技术，以服务于其目的(Van Dijk，2006)。不过，将众多使用网络社会概念的学者们联合起来的信念是：数字媒介已经促使社交网络成为跨越许多不同经济、政治和文化机构的主要的组织形式之一。

遗留问题与未来的研究方向

要发展宏观的、包罗万象的理论，所面临的挑战之一是：或许难以确认特定的因果关系。有些经验证据似乎是试探性的或是薄弱的。尽管卡斯特的媒介研究和一般意义的网络视角受到了广泛的尊重，但仍然存在着应该
104 激励未来研究的重要问题。卡斯特的批评者们已经确认了网络视角尚未触及的领域，而新一代人可以就这些领域继续努力。

最当代的媒介和社会研究或是批评卡斯特的思想，或是与这些思想展开对话。曼纽尔·卡斯特的贡献不仅是提出了独到的见解，而且是激发了若干新问题。当各种结果都有着广泛深远的影响时，因果路径就最难以辨认了。那么，何者为新？在回答这个问题时，卡斯特做出

了最好的努力。

> “新”是一种能力,即在世界各地全天候链接全球金融市场的能力,以及加工信息的能力,后者能够在几秒钟内在国家、市场和复杂的金融产品之间往返转移数十亿美元。“新”是在不失去焦点和协作的情况下,穿越这个星球整合管理、生产和分配的能力。“新”是越来越凭借自动系统发动带有精确打击的即时基于空中战争(air-based war)的能力。“新”是一种全球媒介系统,能够在同一时刻将全世界的受众连接到一个广播台上,并能够为特定地方的特定受众定制资讯。“新”是在选定时间内作为横向的、全球的、相对不受阻拦的、互动传播系统的互联网。(Castells,2000b:113)

在某些重要方面,卡斯特或许还分享一些马克思的辩证唯物主义。他仍然对人与组织之间的物质关系非常感兴趣。其研究的核心假设之一是:网络社会终将到达每一个社区。卡斯特的媒介视角是:网络社会的边缘仍与全球传播网络的核心相链接。而且,地方组织形式将 105
让位于网络形式的步伐似乎是不可阻挡的。

观察社会变化的工作尚未完成,尽管这项工作会伴随卡斯特的媒介分析构架而推进。必须在没有实验控制的条件下通过观察向前发展的那种经验科学是有限的。但下一代媒介研究者肯定将会受到卡斯特业已观察到的结果的影响。

卡斯特的思想随着时间的推移而发展。他后来的研究做出了充满信心的论述：网络社会是一个值得认真对待的重要理论范式。不过，他的早期研究提出，网络社会不过是信息社会或信息时代的一个结构性要素。他最终为了网络社会的名称(moniker)而抛弃了那些信息社会和信息时代的名称。他在经验研究中发现了坚实的理论基础，后者进入了三卷本的《信息时代》和《传播权力》。评价一位研究者或一个分析框架的一个简约方式是根据强项或弱项来进行。但是，如果根据你在卡斯特的媒介网络视角中的所得和未得或所见和未见来评价他的贡献，也许会更加有意义。未来研究的其他两个领域包括：媒介网络如何影响社会不平等，以及这些网络如何影响宗教实践。

作为一位了解自己政治根源的学者，卡斯特已经使得网络社会的社会不平等研究成为一个重要领域。但是，伴随着构成网络社会基础设施的、不断变化的技术发展，有关这种不平等如何得以保留或克服的新研究总是有价值的。全球网络对于社会不平等具有什么影响？回想一下网络关系将全球城市联系起来，并在生产和消费
106 关系上连接跨国公司(multinational firms)。流动空间的概念被用来导入卡斯特的文化生产观，但这个概念对于理解财富的集中和贫困的分布来说，也是有关联的。全球金融中心的联系不仅仅把墨西哥城、巴西利亚、里约热内卢与马德里、巴塞罗那和米兰连接起来。它们是被连接在全球金融流动空间之中的中央商业区(the central

business districts)，其中每一个中央商业区周围都是邻里社区，也就是相当程度上被排斥在强大的网络关系之外的地方。

> 我提出一个受到排斥的第四世界(a Fourth World)已浮现的观点，它不仅由这个世界上大部分非洲和亚洲农村以及拉丁美洲的山区构成，也由这个世界的南布朗克斯、拉谷奴阜、釜夕崎和陶尔哈姆莱茨等地构成。第四世界的人口主要是妇女和儿童。(Castells，1997：8)

网络如何有助于构建贫困(structure poverty)？进入我们许多人生活于其中的那个富媒介世界的障碍是什么？新的赋权技术会是什么样子？

就文化与认同领域而言，宗教在网络社会的作用需要得到进一步的研究。媒介网络使各种文化均质了？还是在一种信仰统治另一种信仰方面发挥了某种作用？如果全球媒介是社会权力的新家园，那么，宗教机构会与民族国家遭受同样的命运，从而成为隶属关系的次要来源吗？有组织的宗教何时使用网络来扩大它们的影响范围？又是在哪些条件下获得了成功？如果宗教极端分子占有少数，那么网络会放大他们的讯息并增强他们招募新成员的能力吗？或者，温和与非暴力的信徒的网络会把极端分子降到社会最为边缘的子网中去吗？卡斯特的媒介研究已经激发了一代学者。不过，还有足够的灵感 107
来从事进一步的工作，“理论只是一个研究工具”，他写道,“不是研究的最终产物”(Castells,2000a:6)。

数字媒介的新权力

当你阅读本书时,使用过互联网的人数达到了20亿。诸如互联网等数字媒介如何对所有这些人产生了影响?媒介研究的网络视角揭示了链接用以提供结构的各种方式。从网络视角来看,媒介统治社会生活。“媒介”必须得到广泛的理解:它包括支持网络企业和全球经济的信息基础设施;它包括有关我们在选举期间予以评估的政治家和公共政策选择的数字内容;它包括制作视频游戏的产业,给我们提供电影的临时制作团队,以及让有创造力的个人可以在家里制作文化内容的工具。

今天,我们生活在一个信息的、全球的和网络化的社会。它之所以是信息的社会,是因为生产知识和管理信息的过程决定现代企业的成败,决定政治候选人或社会运动的成败,并决定文化偶像(icons)是得到传播(propagate)还是从记忆中消失。它之所以是全球的社会,是因为在实时或选定时间内,核心的政治、经济和文化过程都运作于全球范围。它之所以是网络化的社会,是因为传播技术将公司或公司部门连接在以项目为基础的工作之中,重要的政治角色每天24小时为获得控制媒介的权力而斗争,文化生产越来越卷入数字网络媒介,而对文化产品的兴趣则通过家庭和朋友的网络得到扩散
108 (Castells,2000a)。

媒介提供了社会互动的各种规则,正是在媒介那里,

我们看到了权力的集中和实施，我们正是用媒介来为自己建造社会资本，我们也正是用媒介来将那个社会资本花费在整个人生旅程上。数字媒介不仅提供了我们社会生活的基础设施，而且提供了我们社会生活的结构。

注释：

[1]如要发现你的数据踪影如何为广告代理商生成营销方案， 124
参见 http://www.claritas.com/MyBestSegments。

[2]那些有兴趣致力于网络科学项目的读者应该考虑参与疟疾研究（http://www.malariacontrol.net/），提供尼克松白宫录音带的文字记录（http://www.nixontapes. Org/index.htm），或参与关 125
于人工智能的本质的研究（http://www.jabberwacky.com/）。

[3] 在《互联网星系》第二章，卡斯特的确主张，参与互联网开发最早阶段的研究生们沉浸在一种共享与合作的“互联网文化”之中（Castells，2001）。

附 录

109 有几种方式可用来探索你自己的网络和你自己的媒介消费习惯。既然我们消费的如此之多的媒介都是以数字方式制作出来,并以数字的方式予以消费的,既然我们有如此之多的人使用数字媒介来管理自己的社交网络,有关这两者的数据就都容易得到采集。这里的几个练习采用某种网络视角,并通过个人和直接的方式对关于社交生活如何得以建立的问题进行某种揭示。第一个练习使得读者能够通过使用来自他们的手机、脸书文件或个人日历的数据,描绘自己的社交网络。第二个练习使得读者能够通过某种时间日志,跟踪他们对于数字媒介的接触情况,并揭示网络传播技术得以建构他们生活的文化内容的不同方式。这些练习将让你与网络社会的那些更抽象的概念建立联系。为了使这些练习能够顺利进行,你要仔细遵循各项指示,但在根据你的数据进行描述时,要有思想性和创造性。立于数据构建合理的阐述,是社会研究的关键任务。

个人数字网络可视化练习

我们经常把自己的社会关系可视化（visualize）为列 110
表：将之按字母顺序排列在关于联系人的计算机程序中，或按谁最近与我们通手机电话的优先顺序来排列。而当我们想到朋友和家人时，自然而然地会根据我们居住的不同社区而把他们组织到不同小组之中。但网络视角的一个基本假设是：尽管我们倾向于分组思考，但我们实际上是在网络之中。因此，你的社交网络是什么样子的呢？

这些练习将使你从脸书、推特、手机或某些其他数字媒介中抽取你的社交网络数据。在这个数据的基础上，你将制作一幅网络地图，而这个练习的目的是：由于在线社交网络成了我们这一代的文化越来越有影响的组成部分，因此需要理解我们在线社交网络的范围，熟悉那些可以与新媒介互动的工具，并利用这些工具来分析社交语境中的数据。第一个方法将产生有关你的最亲密关系的一幅详尽的网络地图；第二个方法将揭示有关你的关系的一个更加大得多的网络结构。

手工分析的小型目的样本

首先，列出 10 个人的名字，但以某种有目的的抽样方式从你在日常生活中使用的数字媒介上采集这些名字。你可以查看手机，采用最近给你打电话的 10 个人，或按姓氏字母顺序排列的前 10 个条目。如果你有博客或社交网络个人文件，你就可以抽取最后 10 个对你的一个帖子发表评论的人，或你最早联系的10个人。要不，你还可以抽取最后10个给你发送电子邮件的人，或查看111 你的联系人名单，并选择你最亲密的10个朋友。想想你如何抽样的意义，因为你抽取名字的方式将对你如何了解你的社会生活结构产生某种影响。但是，也不要过度考虑你的抽样策略，因为这里的目的只是使一小群他人之间的链接结构概念化，而不是使你的整个社交网络概念化。

其次，绘制一张网络地图，以说明你是如何与这些人链接在一起的，并说明他们如何可能相互链接。用一支铅笔和几张空白纸，以便把你的网络概念化。在你的初稿中，在页面中间写下你的名字，并围绕页面的边缘写下其他10个人的名字。这些人是你网络中的节点，每一个节点都将至少有一个对偶关系（dyadic relationship）：一种与你的纽带。然后将所有这些节点都与你连起来，使用不同类型的线来代表纽带的性质。从简单开始，即用粗细线条画出强弱纽带。既然所有这些人都是具有不同关系强度的朋友，那么为你已经认识一年以上的朋友建立强纽带，为新朋友即只是去年见面的那些人建立弱纽带。你有可能是唯一与网络上任何其他两个人相链接的人，但更有可能的是他们中的有些人彼此非常熟悉，不需要你作为他们关系的中间人。你可能不得不猜测其他人之间的纽带的强或弱，但尽力做吧。

有许多方法可以用来呈现这种网络信息，所以准备好几张纸来描绘不同的可能性。你的网络地图的某些版本会比其他版本更加有效。例如，线条的宽度可以直接与你上星期用手机和每个人交谈的分钟数有关，或与你这个月发送的电子邮件数有关。或者，你用虚线条表示家庭联系——我们无法选择我们的家庭，而用实线条表 *112*
示与你的朋友们的纽带。

你也可以用颜色来区分工作场所纽带与家庭、学校和朋友纽带。或者可以用颜色来区分在他们网络中的那些人的相关人口统计特征，诸如性别、种族或年龄。颜色也可以与数字媒介的类型相关联。你是不是用手机和家人交流，但用短信和社交网络软件来保持与你的同伴的关系呢？纽带也可以是定向的，特别是如果你记得是谁首先发起了这个关系，或如果你有关于谁通常发起大多数电话、电子邮件或短信的信息的话，就更加如此了。尝试把不同名字组织起来。例如，你可以用另一张纸将名字组织成亲和关系的集群。你从工作中认识的人可以被聚集在页面顶部，你从学校中认识的人可以聚集在页面底部，所有其他人则居于他们之间。一个好的组合能够将你最亲密的朋友和亲属放到页面上离你近的地方，可以使用直接的纽带来揭示是谁通常最为经常地发起交流，而颜色借助最常用的数字媒介形式来对这种纽带进行编码。

再次，简单地计算一下你的网络有多密集。网络密度(network density)是实际纽带数和可能纽带总数之比。如果你的网络中的每个人都与其他每个人相连，那么网络的密度就是 1.00。既然你选择了绘制出与 10 个人的链接图，那么，就会最多有 110 个链接。加上你观察的实际链接数，用 110 除一下，这就会为你提供你的地图

的网络密度的测量。高值显示一个非常密集的网络，低值显示一个比较稀疏的网络。由于你或许不了解你的网
113 络中的人们之间的所有纽带，因此你的网络似乎就是人员稀疏的。

最后，面对你最佳版本的网络地图，并思索它可能如何揭示或模糊了你的生活得以组织的方式的特征。这个特殊练习可能会产生一幅网络地图，该地图使得你成为网络中其他节点的一个非常重要的中间人。换句话说，你为他们的关系牵线搭桥，而如果他们要与网络中的其他人发展社交纽带，他们可能就要通过你。从数字媒介中采集的数据很好地反映了你生活于其中的那个社会结构了吗？如果你使用了来自另一媒介的数据，有可能还揭示出某种其他东西吗？

使用开源软件的大样本

有关你的亲和关系的整体结构，大的网络图像能够做出更多的揭示，尽管没有那么多的细微差别。使用数字媒介来对你的大部分网络进行抽样，这涉及抽取数据、涉及描述和可视化你的网络，以及就你的发现展开一种分析性论述。

你可以使用几种有帮助的程序，以便采集和分析你保存在自己数字媒介中的关系数据。这个练习可让你使用被称为“我的在线社交网络”（My Online Social Network）的应用程序采集来自你的脸书页面的数据，然后可让你使用 NodeXL——一种适合于微软 Excel 个人电脑版的免费插件——来绘制你的网络地图。

第一，去“我的在线社交网站”(脸书应用程序)，登录你的账户。该网站将把你的朋友和他们彼此之间的关系列成表格。要有耐心，如果你有一个大网络，那么这个程序会需要些时间来跟踪所有纽带。作为结果的数据可以保存在你自己的硬盘上，而它看起来像是一个单列，列有你的朋友们，接下来是他们与你共有的那些朋友的另一单列。将脸书所有的“朋友数据”复制粘贴到一个 Word 114 文件或纯文本文档中，然后删除实际上不包含朋友名字的前几行。将这个文件保存到你的硬盘，以作为你的网络数据的备份副本。

第二，下载和安装 NodeX 应用程序(http://nodexl.codeplex.com/)。注意，这是一个适合 Excel 个人电脑版的附加装置，可能无法在其他操作系统中运行。这个程序根据两列数据创造节点和纽带的地图。每次你的两个朋友并排出现在同一行时，这个程序都将画一条线将他们连接为节点。该程序把拥有共同朋友的人自动分组归类，因此，使用它的好处在于，你没有真正意识到的那些子网也许会出现在地图之中。遵循 NodeXL 的安装指令，你就可以使用 2007 Excel 模板作为你自己图像的基础。你将看到，在一个朋友的名字和姓氏之间没有空格，但是在两个不同的朋友之间有空格。既然这些空格将你朋友的列和你朋友的朋友的列分隔开来了，那么将这个文件导入 Excel 之中，指示它用空格作为在电子表格(spreadsheet)中制作不同列的标记。数据导入成功后，它就应该被清晰地组织成为不同的列。

在 NodeXL 的范围内，你将注意到：A 列是你的朋友名单，但是B列中的许多第一行都是空的。当你向下滚动B列时，你终将会遇到名字——这些是朋友的朋友的名字。但是要完成网络数据，你必须在B列的空白单元格中插入你的名字。这些人毕竟不仅仅是你的网络中的节点，你是他们与其他人之间关系的代理人。因此，输入
115 你的名字（在名和姓之间不留空格），然后将之复制粘贴到B列中的所有空格之中，这就将你置于网络之中了。

当你能够刷新这个图表并使得程序能够绘制出你网络中的所有纽带时，高潮就来了。你可以摆弄图形属性，以生成特定细节。调整比例将使个别线条更加精细。回到数据，并且摆弄线条颜色或宽度，以使那些子网设置更加突出。你是最适合解释这个数据的人，因为你将发现高中朋友网络与工作同事的网络会有怎样的区别，家人如何可能彼此联网而不是与你的朋友们联网，或一两个浪漫的伴侣如何实际上是那些子网的代理人。

这些程序经常更新，也可能会出现用以分析你的社交网络的新的应用程序。不要害怕开发最新的替代性选择，或如果上述步骤不再适用了，不要害怕摆弄这个进程。大部分用以分析这些大型社交网络的软件都是开源的，而且如果你解释了想用数据做什么的问题，那么许多开发者都会迅速地回答你的问题。无论你是否使用了刚刚描述的进程，分析你的网络地图的最后步骤都是最重要的。

不管你的研究设计如何，关于你的社交网络以及图形本身的认识过程，都将构成你的个人社交网络文章的证据基础。揭示你的网络的不同类型的纽带，也许就足

够有趣了，但你还可以考虑使用这个网络地图来展开一篇关于你的社交生活之结构的论述文章。自问一下，传播网络如何为你的互动提供空间或约束？什么类型的纽带是强纽带？什么类型的纽带是弱纽带？这一练习将帮助你识别作为你的网络中介的重要人物，以及你作为一 116
个重要的代理人而服务的网络。

个人媒介与文化消费跟踪练习

媒介(media)这一术语被用来指称许多不同的东西，包括硬件、软件、电视和电影、新闻记者和好莱坞制作公司、电子游戏设计者、艺术和许多其他类型的文化产业。一个简单的练习将使你把你所接触的文化产品的范围追溯到一系列用于传递那些讯息的技术那里。为了获取由你消费的媒介类型的良好样本，你需要制定研究计划，为学习期(the study period)作好准备，用日志记下你用来消费文化的方式，并围绕你在一个固定时期消费文化的方式而撰写小文章。

要开始这项研究，首先设定一个可实现的写作目标，以及数据采集的时间框架。例如，如果要跟踪你在 24 小时内所消费的文化类型，你就应该能够写出一篇简明扼要的 500 字的文章。至少提前一天投入学习期，这样你就有时间准备你的数据采集的方法。

下一步，通过思考你最有可能消费文化的那些方式而准备学习期。有些方式是明显的，尤其是如果你有经常看电视和互联网使用习惯的话；但有些传播文化内容的媒介相比其他媒介却不那么明显：

- 报纸
- 杂志
- 图书
- 广播
- 117 电视
- 电影
- 互联网
- 手机
- 广告牌
- 他人的 T 恤衫
- 其他形式的流式数字内容
- 电线杆上的宣传海报

用日志记下 24 小时的文化消费记录，这将为你的文章提供原始的数据来源。全天随身携带记事本，并观察向你传播文化内容的媒介类型，还要记下你接触它们的持续时间。一旦你有了 24 小时的日志记录，就对那些制作你所消费的内容组织——公司、政府或其他什么机构——进行某种基本研究。

在你文章的开头，对你的媒介消费习惯做出某种概括。我们能够根据你的消费内容和消费习惯而对你有怎样的了解？媒介消费（看电视、出去看电影、听音乐）在你的世界里发挥了什么作用？在你文章的中间部分，就你花费在接触不同媒介的时间量，报告一些具体的计算和百分比。在你 24 小时期间的总量中是多少？特定媒介的总量是多少？或通过新媒介来传播的有多少？在分析有关你的习惯的数据时，有没有揭示出其他有趣的趋势？在你的结论中，评估那些制作你的消费内容的组织。你认为媒介产业如何看待你，以及你认为根据你的消费习惯它们对你的了解是什么？

你或将有些令人惊奇的发现，这将帮助你在文章中做出精辟的分析观察。但是你也将能够以非常扎实的方 *118*
式并借助你时间日志中的证据，尝试定义某些术语或回答某些研究问题。你最经常接触的是哪类文化内容？那些信息是否有什么似乎针对你的年龄、性别、种族或人种的模式？以你的观察为基础，你会如何定义文化？

对于采集有关我们日常经验的数据来说，时间日志研究是最重要的方法之一。如果它在短时期内被仔细完成了的话，你就可以为你生活中的互动创建一幅精彩的快照。但因为这是一个自我报告的数据，所以技巧在于使各种观察之被采集和分类的方式达到系统化。组织此类观察的方式之一是把一个小笔记本用在你制作的条目上。一本小拍纸簿(legal pad)、蓝皮书(就像你用于考试的那种)，就会很有效。或者，你可以设计你自己的编码表。

对于文化消费日志来说，你应该考虑采集类似的信息：接触地点、时间、接触的持续时间、媒介类型(电视、海报、广播等)、媒介内容(音乐类型、节目名称、T 恤上的讯息)、你接触媒介时所从事的活动(坐在家里，走在街上)，以及任何有趣的观察、感受和遭遇。

这个练习有几个目的。第一,它将使你批判地评估你的媒介使用模式。第二,它将鼓励你发展和培养自己的写作风格。第三,它将激发你思考媒介产业如何为你制作内容。自问一下:你如何能够提高你每天获得的文化和信息的多样性。这个练习应该有助于你找到成为网络社会的一个更加成熟的公民的途径。

监控与反监控的练习——跟踪那些跟踪者

119 什么是监控(Surveillance)? 它也许如此无所不在,以至于我们已经对之习惯了,而且现在完全意识到了它是什么、它发生了多少。监控是政治精英、文化生产人和经济活动者所做的某种事情,以便更好地理解你的态度和行为。反监控(Sousveillance)是某种你可以做的事情,以便更好地理解那些权势人物的态度和行为。例如,政府采集公民的大量信息。但是,随着信息通过诸如维基解密等节点的流动,公民们可以看到有关其政府行为的大量信息。

在此练习中,你将制定研究计划,准备学习期,用日志记下你被监控的方式,并就你在一段固定时间内留下数字踪影的方式撰写一篇小文章。

第一,通过设定一个可实现的写作目标和采集数据的时间框架,来提出一个研究计划。例如,如果你跟踪自己 24 小时内被监控的方式,你就应该能够写出一篇简明扼要的 500 字文章。至少提前一天投入学习期,这样你就有时间来组织你将用来采集数据的那些方式。

第二，通过思考你有可能接触监控的方式，来准备这个学习期，并把它准备好。电子监控以各种明显的方式而发生，从信用卡购物、银行交易到电子邮件日志。但是，它也以隐蔽的、意想不到的方式发生。显而易见，你不可能预料到所有这些，但是花些时间列出可能的数字监控手段，这将会让你有准备跟踪那些跟踪者。采集你的数据的手段可能包括：

- 闭路和开路安全摄像机 120
- 信用卡购买，既包括消费金额，也包括特定消费品
- 银行机器
- 电子邮件日志
- 在线收听音乐
- 通话记录
- 图书馆条形码
- 饭卡
- 公交卡
- 高速公路收费卡
- 超市卡
- 网站的网络标记(cookies)
- 网站间谍软件

为了准备这个学习期，你可以使自己意识到工作、学校或公共场所的摄像头。如果你经常使用互联网，你可以安装程序来提醒自己注意网络爬虫、访问过的网页上的广告网络和小部件。为了知道你的在线活动是如何被

跟踪的，考虑安装许多拦截广告、网络标记检测软件——诸如反间谍软件 Ad-Aware 或 ZoneAlarm——中的一个免费试用版，来看看这些程序捕捉到了什么。如果你使用了火狐浏览器，隐私浏览器应用程序（Ghostery App）将揭示哪些服务器正在跟踪你的在线活动。进入你的浏览器，并熟悉你的网络标记设置。如果你在学习期开始的时候，从浏览器中清除所有的网络标记，那么到了你的学习期结束时，你就会有一张新的列表。也许还有某些其他准备这个学习期的方法，这样，当你积极地采集数据时，就可以快速而有效地进行观察。

你的文章读起来几乎将像是个人日志中的一个条目，尽管结论性的段落应该就你已经知道的东西做出某种宏观分析或批判性的评论。就其如何受到监控的问题
121 而言，差不多每个人都会发现某种令人惊奇的事情：我们几乎不了解数字监控的形式和程度。

监控日志将是你文章的原始数据来源。随身携带记事本，专门用来记录你的数据踪影；使记事本成为你注意到的监控和电子记录场所的日志，并记下你暴露于其下的持续时间。一旦你有了学习期的日志，就对那些正采集你的数据的私营公司或政府组织进行某种基本的研究。这本监控日志可以被建立得与前面练习中的文化消费日志十分相像。你应该考虑采集几种数据点：监控场所；一天中监控发生的时间；暴露在监控之下的持续时间；监控的类型（视频、音频、交易等等）；处于监控时你在做什么、你的行为发生了怎样的变化，以及任何有趣的观察、感觉和遭遇。

在文章的开头部分，确定你被监控的不同方式，以及所采集的数据类型。在文章的中间部分，写下这些内容：谁采集了关于你的数据，为什么采集，谁可以访问关于你的数据。在文章的结尾部分，探讨这种监控数据如何可能得到使用。理论上，根据这种数据，他人会对一般人类行为有怎样的认识？在特殊意义上，根据这种数据，他人会特别对你有怎样的认识？

这一练习有几个目的，其中最重要的目的是帮助你意识到自己生成了多少数据。为什么隐私对你来说是重要的？你也许有权独自相处，减少对你生活的侵扰也许是件有益的事情，或者，你可能想限制政府和公司对你的了解。但是，是否存在某些你愿意牺牲自己隐私的条件呢？如果你看到人们如何可能监控你的证据，或看到人 122
们如何可能搜寻有关你的信息的证据，那么你对这种交易会感到满意吗？第一，这一练习将鼓励你意识到：你通过大量技术平均每天留下的电子数据踪影。第二，这一练习将鼓励你开发和培养自己的写作风格。第三，这一练习将鼓励你对他人能够根据关于你的数据而做出何种推断的问题，进行哲学的反思性探索。

参考文献

Anderson, Benedict. 1991. *Imagined Communities: Reflections on the Origin and Spread of Nationalism*. London, UK: Verso.

Anderson, Chris. 2008. *The Long Tail, Revised and Updated Edition: Why the Future of Business is Selling Less of More*. New York, NY: Hyperion.

Aoyama, Yuko, and Manuel Castells. 2002. An empirical assessment of the informational society: Employment and occupational structures of G-7 countries, 1920-2000. *International Labour Review* 141, 1: 123-159.

Appadurai, Arjun. 1996. *Modernity At Large: Cultural Dimensions of Globalization*. Minneapolis, MN: University of Minnesota Press.

Arsenault, Amelia, and Manuel Castells. 2008a. The structure and dynamics of global multi-media business networks. *International Journal of Communication* 2, 1: 707-748.

Arsenault, Amelia, and Manuel Castells. 2008b. Switching power: Rupert Murdoch and the global business of media politics: a sociological analysis. *International Sociology* 23, 4: 488-513.

Bechky, Beth A. 2006. Gaffers, gofers, and grips: Role-based coordination in temporary organizations. *Organization Science* 17, 1:3-21.

Beck, Ulrich. 2006. *Power in the Global Age: A New Global Political Economy*. Cambridge, UK: Polity.

Benkler, Yochai. 2007. *The Wealth of Networks: How Social Production Transforms Markets and Freedom*. New Haven, CT: Yale University Press.

Bennett, W. Lance. 1990. Toward a theory of press-state relations in the United States. *Journal of Communication* 40, 2: 103-127.

Bourdieu, Pierre. 1987. *Distinction: A Social Critique of the Judgement of Taste*. Cambridge, MA: Harvard University Press.

Cairncross, Frances. 1997. *The Death of Distance: How the Communications Revolution Will Change Our Lives*. Cambridge, MA: Harvard Business Press.

Carnoy, Martin, and Manuel Castells. 2001. Globalization, the knowledge society, and the network state: Poulantzas at the millennium. *Global Networks* 1, 1: 1-18.

Castells, Manuel. 1996. *The Information Age I: The Rise of the Network Society*. Malden, MA: Blackwell Publishers.

——. 1997a. An introduction to the Information Age. *City* 2, 7:6-16.

——. 1997b. *The Information Age II: The Politics of Identity*.Malden, MA: Blackwell Publishers.

——. 1997c. *The Information Age III: End of Millennium*. Malden,MA: Blackwell Publishers.

——. 1998. A rejoinder: On power, identities and culture in the network society [Book Review]. *New Political Economy* 3, 3:473-483.

——. 1999. Grassrooting the space of flows. *Urban Geography* 20, 4: 294-302.

——. 2000a. Materials for an explanatory theory of the network society. *British Journal of Sociology* 51, 1: 5-24.

——. 2000b. Globalization and identity in the network society:A rejoinder to Calhoun, Lyon and Touraine. *Prometheus* 4, 1:107-123.

——. 2000c. Grassrooting the space of flows. In *Cities in the Telecommunications Age: The Fracturing of Geographies*, ed. James Wheeler, Yuko Aoyama, and Barney Warf, 18-27. New York, NY: Routledge.

——. 2001. *The Internet Galaxy: Reflections on the Internet, Business, and Society*. Oxford, UK: Oxford University Press.

——. 2004. Informationalism, networks, and the network society: A theoretical blueprint. In *The Net-*

work Society: *A CrossCultural Perspective*, ed. Manuel Castells, 3-43. New York, NY:Edward Elgar.

——. 2007. Communication, power and counter-power in the network society. *International Journal of Communication* 1, 1: 238-266.

——. 2009. *Communication Power*. New York, NY: Oxford University Press.

——. 2010. The new public sphere: Global civil society, communication networks, and global governance. *The ANNALS of the American Academy of Political and Social Science* 616, 1:78-93.

Castells, Manuel, and Martin Ince. 2003. *Conversations with Manuel Castells*. Cambridge, UK: Polity.

Castells, Manuel, Imma Tubella, Teresa Sancho, and Barry Wellman. 2003. *The Network Society in Catalonia*: *An Empirical Analysis*. Barcelona: La Rosa del Vents Mondadori.

Deuze, Mark. 2007. *Media Work*. Oxford, UK: Polity.

Evans, James A. 2008. Electronic publication and the narrowing of science and scholarship. *Science* 321, 5887: 395-399.

Fischer, Claude S. 1994. *America Calling*: *A Social History of the Telephone to* 1940. Berkeley, CA: University of California Press.

Giddens, Anthony. 1991. *The Consequences of Modernity*, 1st edn. Palo Alto, CA: Stanford University

Press.

Gillespie, Tarleton. 2009. *Wired Shut: Copyright and the Shape of Digital Culture*. Cambridge, MA: MIT Press.

Granovetter, Mark. 1973. The strength of weak ties. *American Journal of Sociology* 78, 6: 1360-1380.

Habermas, Jürgen. 1991. *The Structural Transformation of the Public Sphere: An Inquiry into a Category of Bourgeois Society*. Cambridge, MA: MIT Press.

Howard, Philip N. 2010. *The Digital Origins of Dictatorship and Democracy: Information Technology and Political Islam*. New York, NY: Oxford University Press.

Innis, Harold A. 2008. *The Bias of Communication*. 2nd edn. Toronto: University of Toronto Press.

Jenkins, Henry. 2006. *Convergence Culture: Where Old and New Media Collide*. New York, NY: NYU Press.

Kull, Steven, Clay Ramsay, and Evan Lewis. 2003. Misperceptions, the media, and the Iraq war. *Political Science Quarterly* 118, 4: 569-599.

Lessig, Lawrence. 2004. *Free Culture: How Big Media Uses Technology and the Law to Lock Down Culture and Control Creativity*. London, UK: Penguin Press.

——. 2006. *Code: Version 2.0*. New York, NY: Basic Books.

Manovich, Lev. 2002. *The Language of New Media*. Cambridge, MA: MIT Press.

McLuhan, Marshall, and Lewis H. Lapham. 1994. *Understanding Media: The Extensions of Man*. Cambridge, MA: MIT Press.

Merrin, William. 2005. *Baudrillard and the Media*. London, UK: Polity Press.

Monge, Peter R., and Noshir Contractor. 2003. *Theories of Communication Networks*. New York, NY: Oxford University Press.

Neff, Gina. 2011. *Venture Labor*. Cambridge, MA: MIT Press.

Neff, Gina and David Stark. 2004. Permanently Beta: Responsive Organization in the Internet Era. In *Society Online: The Internet in Context*, ed. Philip N. Howard and Steve Jones. Thousand Oaks, CA: Sage Press.

Pew Internet and American Life Project. 2005. Data Memo: Filesharing. www.pewinternet.org.

——. 2008. Data Memo: The internet and the 2008 election. www.pewinternet.org.

Pew Research Center for the People and the Press. 2007. Data Memo: Public knowledge of current affairs little changed by news and information revolutions. www.people-press.org.

Poulantzas, Nicos, and Patrick Camiller. 2001. *State*,

Power, Socialism. London, UK: Verso.

Project for Excellence in Journalism. 2007. The state of the news media 2007. http://www.stateofthemedia.org/2007/.

Putnam, Robert D. 2001. *Bowling Alone: The Collapse and Revival of American Community*. New York, NY: Simon & Schuster.

Rheingold, Howard. 2000. *The Virtual Community: Homesteading on the Electronic Frontier*. Cambridge, MA: MIT Press.

——. 2002. *Smart Mobs: The Next Social Revolution*. New York, NY: Basic Books.

Sassen, Saskia. 2001. *The Global City: New York, London, Tokyo*. Princeton, NJ: Princeton University

——. 2006. *Territory, Authority, Rights: From Medieval to Global Assemblages*. Princeton, NJ: Princeton University Press.

Saxenian, AnnaLee. 1996. *Regional Advantage: Culture and Competition in Silicon Valley and Route 128*. Cambridge, MA: Harvard University Press.

Solomon, Deborah. 2010. Sex and the single man. *New York Times Magazine*, July 5.

Stalder, Felix. 2006. *Manuel Castells: the Theory of the Network Society*. Cambridge, UK: Polity.

Stohl, Cynthia, and Michael Stohl. 2007. Networks of terror: Theoretical assumptions and pragmatic consequences. *Communication Theory* 17, 2: 93-124.

Stromer-Galley, Jennifer. 2000. Online interaction and why candidates avoid it. *Journal of Communication* 50, 4: 111-132.

Suchman, Lucy. 2006. *Human-Machine Reconfigurations: Plans and Situated Actions*. 2nd edn. Cambridge, UK: Cambridge University Press.

Susser, Ida. 2002. *The Castells Reader on Cities and Social Theory*. New York, NY: Wiley-Blackwell.

Turner, Fred. 2006. *From Counterculture to Cyberculture: Stewart Brand, the Whole Earth Network, and the Rise of Digital Utopianism*. Chicago, IL: University of Chicago Press.

van Dijk, Jan. 2006. *The Network Society: Social Aspects of New Media*. Thousand Oaks, CA: Sage.

von Hippel, Eric. 2005. *Democratizing Innovation*. Cambridge, MA: MIT Press.

索引

（索引页码均为英文原著页码，即本书边码）

A

B

C

F

G

H

Hierarchy The hierarchy is a clearly bounded organization with clear，vertical lines of authority and replaceable workers who participate in standardized processes of production.　等级制：等级制是一种界限分明的组织，具有清晰垂直的权威链，以及参与标准化生产过程的、可替换的工作者。

Privacy Privacy is the power to control what other people know about you,and other people can use digital media to learn about you either by monitoring your ac-

S

U

Virtual community Virtual communities are distributed networks of individuals who share a common interest, provide mutual support, and have particular, collectively agreed sets of norms, rules, and patterns of inter-

图书在版编目(CIP)数据

卡斯特论媒介/(加)菲利普·N.霍华德(Philip N. Howard)著;殷晓蓉译.
--北京:中国传媒大学出版社,2019.11
(传播与中国译丛/黄旦,孙玮主编.媒介道说系列)
书名原文:Castells and the Media
ISBN 978-7-5657-2611-8

Ⅰ.①卡… Ⅱ.①菲… ②殷… Ⅲ.①传播媒介—研究 Ⅳ.G206.2

中国版本图书馆 CIP 数据核字(2019)第 216273 号

ISBN-13:978-0-7456-5258-0
ISBN-13:978-0-7456-5259-7(pb)
本书英文版于 2011 年由 Polity Press 出版。

北京市版权局著作权合同登记 图字:01-2019-6148

卡斯特论媒介
KASITE LUN MEIJIE

主　　编	黄　旦　孙　玮
著　　者	[加]菲利普·N. 霍华德(Philip N. Howard)
译　　者	殷晓蓉
校　　译	石　易
策划编辑	张毓强
特约策划	李唯梁
责任编辑	曾白凌　张丽娟
封面设计	运平设计
责任印制	阳金洲
出版发行	中国传媒大学出版社
社　　址	北京市朝阳区定福庄东街 1 号　邮编:100024
电　　话	86-10-65450528　65450532　传真:65779405
网　　址	http://cucp.cuc.edu.cn
经　　销	全国新华书店
印　　刷	北京中科印刷有限公司
开　　本	880mm×1230mm　1/32
印　　张	6.125
字　　数	122 千字
版　　次	2019 年 11 月第 1 版
印　　次	2019 年 11 月第 1 次印刷
书　　号	ISBN 978-7-5657-2611-8/G·2611　定　价　49.00 元